La Fabrique de filles

COLLECTION FEMMES !

DIRIGÉE PAR PHILIPPE GODARD

ISBN : 978-2-74-850835-2
www.syros.fr

Laure Mistral

La fabrique de filles

Comment se reproduisent les stéréotypes et les discriminations sexuelles

En partenariat avec Amnesty International

Femmes ! SYROS

sommaire

V. LA FABRIQUE PROFESSIONNELLE

VI. LA FABRIQUE POLITIQUE

VII. LA FABRIQUE SOCIALE DES FILLES

• ENTRETIENS

• RESSOURCES

Introduction

« Je ne suis pas de ceux qui disent : Ce n'est rien :
C'est une femme qui se noie.
Je dis que c'est beaucoup ; et ce sexe vaut bien
Que nous le regrettions, puisqu'il fait notre joie. »

Jean de La Fontaine, *Fables*, III, 16, « La femme noyée ».

La loi ne fait pas tout

L'exploitation et l'asservissement ont été le lot des femmes dans la plupart des cultures au prétexte qu'elles étaient inférieures aux hommes. Et cela avec des degrés divers selon les époques, les traditions culturelles et les conditions matérielles et sociales.

Depuis cinquante ans cependant, la condition féminine a connu, du moins dans les pays occidentaux, une véritable révolution. On a admis légalement que la différence entre les hommes et les femmes n'impliquait pas la supériorité des premiers sur les secondes.

Pour ne citer que quelques lois en France : les femmes peuvent gérer leurs biens propres et exercer une activité professionnelle sans le consentement de leur mari (1965), elles ont obtenu le droit à la contraception (1967), à l'avortement (1975), l'égalité de l'autorité parentale avec le père (1970), l'égalité des salaires à compétences égales (1972), l'interdiction du licenciement des femmes enceintes (1980), etc.

Ces droits si durement acquis nous semblent aujourd'hui de l'ordre de l'évidence. Certes, il existe des pays où les femmes ont la vie dure (quand on la leur laisse), comme la Chine, l'Inde ou l'Afghanistan, mais ces pays nous paraissent très lointains, et leurs traditions radicalement différentes des nôtres. En Occident, après tout le chemin parcouru par les femmes au XXe siècle, on a du mal à imaginer que leurs droits soient remis en cause.

Et, parfois, on oublie que ces lois récentes ne suffisent pas à instaurer une véritable égalité entre les hommes et les femmes. Outre le fait qu'elles ne sont pas toujours respectées, comme la non-discrimination à l'embauche, ou le salaire égal pour les hommes et les femmes (on en est à la quatrième loi depuis 1972 dans ce domaine, tellement les inégalités persistent), il existe des modes de pensée, des comportements, parfois de simples paroles, en apparence anodins, qui révèlent la permanence des stéréotypes sur les hommes et les femmes.

En quoi les stéréotypes sont-ils gênants ?

Les stéréotypes, qui sont des opinions toutes faites, enferment les individus dans un rôle et empêchent l'épanouissement de leur personnalité. Parfois ils exercent une contrainte très forte. On ne peut les réprimer par la loi, et la plupart du temps on aimerait les traiter par l'indifférence : il paraît inutile de reprendre le cousin borné qui dit que faire la vaisselle est une tâche réservée aux filles, ou le grand-père qui prétend que la chirurgie est un métier d'homme, ou qu'une femme perd son honneur si elle a des relations sexuelles avant le mariage. Pourtant, comme on le voit dans certains témoignages, ces idées toutes faites continuent de peser sur certaines femmes et jeunes filles en France, selon qu'elles font partie d'un milieu traditionnel ou qu'elles côtoient des gens proches de ces milieux. Elles n'ont pas la même liberté que certaines filles appartenant à d'autres milieux socioculturels. En cela, l'égalité entre les sexes dépend en partie du milieu social.

On ne peut pas toujours refuser les stéréotypes, même les plus évidents, quand les autres (la famille, les camarades, le milieu scolaire ou professionnel) les imposent. Mais parfois ils sont tellement ancrés dans la société qu'on ne se rend même plus compte qu'ils existent et qu'on agit en fonction d'eux : rares sont les personnes en France qui oseront proclamer haut et fort (à part certains humoristes réactionnaires) que, par nature, une femme est moins intelligente qu'un homme ou qu'elle n'a d'autre rôle dans la vie que de faire et d'élever des enfants. Pourtant, dans les faits, les hommes sont majoritaires dans les hautes sphères du pouvoir (voir p. 127 et suiv.) et, même si elles ont un métier, les mères passent toujours plus de temps à s'occuper des enfants que les pères (voir p. 89-90) ; elles se sentent souvent coupables quand leurs responsabilités professionnelles les obligent à faire des heures supplémentaires (p. 52-53) ; dans la grande majorité des cas, ce sont les femmes qui prennent un congé parental pour s'occuper des enfants. Et beaucoup de gens trouvent cela normal ! À travers cet exemple, on voit bien que la vieille idée reçue sur le rôle de la femme comme mère persiste sous une autre forme, plus « moderne », plus insidieuse, mais toujours solidement ancrée, intériorisée.

Les adolescents ont-ils conscience du sexisme ?

« Le sexisme fonctionne sur le même principe que le racisme. C'est un système de valeurs qui consiste à penser que les femmes sont inférieures aux hommes, et par conséquent elles n'ont pas droit au même respect en tant qu'être humain[1]. »

D'après une enquête IPSOS[2], une majorité d'adolescents pense que l'égalité entre les sexes n'est pas acquise :

---

1. Voir Agnès Boussuge et Élise Thiébaut, *J'appelle pas ça de l'amour. La violence dans les relations amoureuses*, Syros-Amnesty International-Le Planning familial, coll. « Femmes ! », 2009.
2. Enquête réalisée le 3 février 2010 sur un échantillon de 800 adolescents de 15 à 18 ans et de 843 adultes de plus de 25 ans. Voir www.ipsos.fr, « Parité hommes/femmes : les adolescents seraient-ils plus rétrogrades que leurs aînés ? »

60 % ne croient pas que les parents éduquent de la même manière les garçons et les filles ; 67 % ne croient pas que les adultes traitent de la même façon les filles et les garçons ; seulement 64 % des adolescents croient qu'hommes et femmes ont les mêmes chances de réussite.

Selon cette même étude, ce sont les garçons adolescents qui nourrissent les opinions les plus stéréotypées sur les sexes : 92 % des filles jugent qu'hommes et femmes doivent se répartir les tâches ménagères, tandis que 69 % des garçons sont d'accord sur ce point, et avec moins de fermeté dans leurs opinions. De même, si la majorité des adolescentes ne trouve pas normal que les femmes gagnent moins d'argent que les hommes, les garçons le désapprouvent moins fermement et massivement.

À l'inverse, les opinions les plus avancées sur l'autonomie des femmes sont plus soutenues par les filles (la décision d'être enceinte, le rôle dominant dans le choix du partenaire). 13 % des adolescents disent spontanément que les femmes sont l'objet de discriminations tandis que, à la même question sur les hommes, 17 % des adolescents mentionnent que les hommes sont à l'origine de machisme/violence ou de discrimination envers les femmes.

Un « conditionnement » pour chaque époque ?

Alors que tant de choses ont été dites et écrites sur la fabrique sociale des sexes, alors que le sexisme a été tant de fois dénoncé, pourquoi continue-t-on de (re)produire des stéréotypes ? Malgré les profonds changements de société opérés depuis quarante ans dans de nombreux pays, on impose à chaque sexe des goûts et des conduites qui ne vont pas de soi, et ce à chaque étape de la vie et dans tous les domaines : scolaire, professionnel, politique, amoureux, etc. La « fabrique » fonctionne donc toujours, même si elle n'utilise pas les mêmes moules et ne vise pas les mêmes fins qu'autrefois.

Témoignages

Anita

Anita, 14 ans, née en Tchétchénie, depuis deux ans en France, en classe de cinquième.

● *Es-tu contente d'être une fille ? Pourquoi ?*

Oui, je suis contente car je pense que nous, les filles, on est plus sentimentales que les garçons, on peut ressentir des choses qu'ils ne peuvent pas. J'ai parfois l'impression que les garçons ont plus d'avantages, car au moins ils ne font pas le ménage et tout ça ! Mais si j'avais le choix entre le fait d'être une fille ou un garçon, je crois que je choisirais « fille ».

C'est plus facile d'être une fille ou un garçon ?

J'ai un frère de 11 ans (les autres sont plus petits), auquel on donne beaucoup plus de liberté qu'à moi. Il ne fait jamais le ménage, pas même son lit. En classe, je ne crois pas que les garçons soient avantagés par rapport aux filles. Je crois que c'est l'égalité entre nous, entre les garçons et les filles. Même si je préfère être une fille (femme), je crois qu'un homme est plus avantagé, mais il ne gagne pas à tous les coups, maintenant les femmes montrent qu'elles sont au même niveau que les hommes !

Mais alors, si filles et garçons sont égaux, pourquoi tes parents te demandent-ils de faire le lit de ton frère ou le ménage ? Quelle raison te donnent-ils ?

En fait, je ne sais pas, ils disent que c'est normal : selon ma mère, c'est parce qu'il est encore petit. Moi je lui ai répondu que, même s'il est petit, il doit commencer à apprendre des choses simples. Parfois il fait son lit quand je suis fâchée et quand j'en ai marre de le faire ; je crie et je dis : « Vas-y, fais ton lit », et après, avec un peu de chance, il le fait, mais c'est très rare. Donc voilà, chez moi, c'est plus les filles qui travaillent et les garçons sont presque comme des rois, mais je suis trop heureuse d'avoir mes frères, même s'ils ne font rien ; c'est mieux de les avoir comme ils sont plutôt que d'être toute seule !

Quand tu me disais que les hommes sont avantagés dans la société, à quoi tu penses ?

Je sais pas trop, parfois on entend dire : « Ah ! c'est un homme qui a été choisi pour ce travail ; il vaut mieux que ce soit un homme plutôt qu'une femme. » Moi je pense qu'une femme peut valoir autant qu'un homme : si par exemple il y a quelque chose qui ne va pas, un homme va lutter, mais après il baisse les bras ; enfin, pas tout le temps, mais je pense que les femmes sont quand même plus fortes et endurantes.

Je suis pour l'égalité entre un homme et une femme, mais par exemple dans ma culture les garçons ont plus le droit de faire ce qu'ils veulent. Au contraire, nous, les filles, on est toujours contrôlées par nos pères ou nos grands frères. Je ne voudrais pas avoir autant de liberté que les garçons ; je pense qu'après on serait trop lâchées, c'est mieux d'être contrôlées, je pense, même si des fois à l'intérieur il y a une voix qui dit : « Moi aussi je veux avoir la liberté ! »

Tu penses que si les filles étaient lâchées, elles feraient quoi de plus que les garçons ? En quoi ce serait dangereux ? Qu'est-ce que tu ferais, toi par exemple, si tu étais libre ?

Je ne sais pas, je me promènerais jusqu'à dix heures du soir ; je ne peux pas m'imaginer, car je n'ai jamais eu de liberté comme un garçon.

Et c'est dangereux pour une fille, de se promener jusqu'à dix heures du soir ? Et ils disent pourquoi ?

Je ne sais pas, je crois qu'ils pensent que c'est dangereux pour moi. De toute façon, on ne me laissera jamais me promener jusqu'à dix heures du soir, à moins que je sois avec un adulte ; si je suis avec mes amies, non : mes parents disent qu'une fille ne doit pas se promener dehors à cette heure-là toute seule, voilà.

Sinon, tu t'entends bien avec les garçons de ton âge, au collège par exemple ? Ou tu as plutôt des amies filles ?

Je m'entends bien avec tout le monde, qu'il soit un garçon ou une fille. Je crois qu'on ne doit pas faire la différence entre une fille et un garçon pour être ami(e). Souvent on choisit une fille pour amie car on se dit qu'une fille garde mieux les secrets et tout, mais ce n'est pas toujours le cas. Moi je sais qu'une fille peut aussi bien nous trahir qu'un garçon. Mais bon, les gens sont différents. Par exemple, dans mon pays d'origine, j'avais un ami garçon et je peux vous dire que je m'entendais mieux avec lui qu'avec ma meilleure amie ici. Donc je ne fais jamais la différence pour l'amitié entre une fille et un garçon.

Et tu as les mêmes activités avec tes amis garçons qu'avec tes amies filles ? Fais-tu du sport, par exemple ? La vie est-elle très différente ici par rapport à ton pays d'origine ?

Je ne fais pas grand-chose, je suis toujours chez moi. Il y a le ménage, je m'occupe de mes frères, après il y a un peu l'ordi et la télé. Je ne suis pas le genre de fille qui se balade en ville avec ses ami(e)s jusqu'à je ne sais quelle heure. Je n'ai pas les mêmes activités avec mes amis garçons qu'avec mes amies filles. La vie d'ici est très différente de la vie dans mon pays d'origine. Car déjà dans mon pays d'origine on ne doit avoir que des filles comme amies. Ce n'est pas trop accepté de dire qu'un garçon est notre ami.

Et pourquoi il n'est pas trop accepté dans ton pays qu'une fille ait un ami garçon ?

Parce que déjà une fille chez nous n'a pas le droit d'être avec un garçon comme ici : par exemple, nos parents nous laissent sortir pour se promener si on est avec une amie. Si jamais je disais que je sors me promener avec un garçon, je crois que mes parents me tueraient, c'est interdit d'être avec un garçon.

Et tu en penses quoi, de cette interdiction ? C'est parce que les parents ont peur pour ta réputation ?

Ou tu penses qu'ils n'ont pas assez confiance en toi, qu'ils croient que tu vas avoir une relation amoureuse avec le garçon ? Ou que le garçon va te forcer à en avoir une ? Il faut attendre d'être mariée pour avoir le droit de fréquenter un garçon ?

Je crois qu'ils ont peur pour ma réputation. Oui il faut être mariée pour... Mais vous savez, je sais ce que je dois faire et ce que je ne dois pas faire. J'espère qu'ils ont confiance en moi.

Et plus tard, quel métier voudrais-tu avoir ? Veux-tu faire des études ?

Oui, bien sûr, je veux être chirurgienne.

Qu'en disent tes parents ?

Mon père est content, ma mère aussi, mais elle dit que je vais devoir faire de très longues études, mais je m'en fous des années, je veux juste réaliser mon rêve et je le ferai, j'espère !

Et tu as envie de vivre avec quelqu'un, peut-être avoir des enfants après tes études ?

Oui, en fait en premier je veux avoir mon travail, comme ça je serai assurée. Je ne veux pas faire comme certaines filles font à l'âge de 17 ou 18 ans, qui se marient sans avoir de métier, parce que toute leur vie elles vont bosser chez elles à faire le ménage et à s'occuper des enfants. Moi je veux être indépendante et je ne veux pas non

plus un mari de 17 ans qui ne sait rien. Je ne veux pas me marier à l'âge d'une gamine pour regretter toute ma vie après, et après bien sûr je voudrais bien me marier avec quelqu'un que j'aime, mais pas avec quelqu'un que mes parents me choisiront !
De nos jours, il vaut mieux avoir un métier pour être indépendante en cas de coup dur : si ton mari te quitte alors que tu ne travailles qu'à la maison, sans salaire et sans formation, comment tu fais, soudain, pour t'en sortir ? En plus, pour mieux se connaître, pour savoir ce qu'on veut, c'est bien d'avoir à se débrouiller seule pendant un certain temps. On se sent plus fière de soi. Et puis, un métier, ça permet de rencontrer des gens très différents, et ça, c'est toujours intéressant. Tout le monde n'a pas la chance d'avoir un métier qui lui plaît, et c'est dommage parce qu'on passe beaucoup de temps à travailler, donc il faut se démener pour arriver à faire ce qu'on aime faire.

Tu crois que tes parents voudraient choisir ton mari à ta place ?

Je ne sais pas, je ne le pense pas, j'espère qu'ils ne sont pas comme ça. Je pense que si c'est quelqu'un que j'aime et qu'il a une bonne réputation, mes parents me laisseront l'épouser, je pense. J'imagine mal le contraire.

Y a-t-il des personnes auxquelles tu aimerais ressembler, ou du moins que tu admires ? Dans ton entourage, ou dans les médias, ou dans des histoires que tu as vues ou lues, ou dans le passé ?

Oui, je voudrais bien ressembler à ma grand-mère qui est une femme extra : jamais de sa vie elle n'a fait de mal à quelqu'un. Elle est née en Tchétchénie et elle y vit toujours. Je ne sais pas ce qui me frappe le plus chez elle, tout : elle est sérieuse quand il faut, un peu sévère aussi quand il faut, et je l'aime plus que ma mère car c'est elle qui m'a élevée ! Ça ne veut pas dire que je n'aime pas ma mère, mais vous comprenez ce que je veux dire ? Elle avait un travail hors de la maison. Elle s'est mariée et, quand elle a eu ma mère, son mari (mon grand-père) est mort à la suite d'une opération. C'est un étudiant qui l'a opéré et il a laissé des ciseaux dans son ventre. Au bout de trois jours, mon grand-père est mort. Ma mère n'a jamais connu son père et moi mon grand-père, mais ma grand-mère a été trente ans adjoint principal dans un collège. Elle ne s'est pas remariée, elle est restée élever ma mère. Depuis que je suis en France, on se téléphone souvent. C'est moi qui décidais de mes activités, de mes manières de m'habiller, elle me laissait libre.

Cet hiver, c'était le dernier où je portais des pantalons, sinon je suis toujours en robe ou en jupe. Avec je porte des chemises, des tee-shirts et tout. Personne ne m'y oblige, c'est moi qui le veux ; si on me disait quelque chose là-dessus, je ne réagirais même pas parce qu'on ne me fait pas changer d'avis si facilement.

Delphine

Delphine, 16 ans, en 1re L dans un lycée de 1 000 élèves environ de milieu rural, avec plusieurs options, professionnelles et générales, d'une ville de 10 000 habitants.

● *Êtes-vous contente d'être une fille ?*

Quoi qu'on en dise, les garçons sont plus libres, on fait moins attention à eux, surtout dans la famille, où on a tendance à couver les filles. Moi je n'en souffre pas trop, mais je le vois au niveau du collège, puis du lycée. Les filles ont en général moins le droit de sortir que leurs frères. L'an dernier, je sortais souvent après les cours, je prenais le vélo puis le train pour me rendre à F... où j'avais beaucoup d'amis, mais cette année, comme je prépare le bac de français, je passe mon temps à travailler. Et puis, quand on vit à la campagne, c'est plus compliqué de sortir : il faut avoir un

moyen de locomotion, et je vois que les garçons obtiennent une mobylette ou une voiture plus vite que les filles.
Au lycée, je n'ai pas l'impression qu'on traite différemment les filles et les garçons. On s'entend bien, il n'y a pas les filles d'un côté, les garçons de l'autre. Tout est très calme, il n'y a pas d'agressions, pas de remarque désagréable sur la manière dont on s'habille. Les gens sont très tolérants.

Que veut dire être féminine ? Percevez-vous des différences entre les garçons et les filles ?

On me dit parfois que je ne suis pas féminine parce que je ne fais pas trop attention à la manière dont je m'habille : je ne me maquille pas, ça m'ennuie ! Je suis sûre que si je me servais d'un crayon, je me le mettrais dans l'œil. En fait, je m'habille selon l'humeur : un jour en pantalon, un jour en jupe, ça dépend. Il y a des filles qui arrivent au lycée en jupe l'hiver, avec juste des collants, moi ça ne me viendrait pas à l'idée. Mais être féminine, c'est aussi dans les comportements et les goûts : les filles sont plus sensibles, plus discrètes, plus délicates dans leur vocabulaire. La sensibilité aux arts, l'expression de ses émotions, c'est une question de milieu, mais pas seulement : la ville de F., ce n'est pas franchement la bourgeoisie intellectuelle, plutôt la petite bourgeoisie, et beaucoup de gens de la campagne. Dans ma classe de littéraires, il n'y a que trois garçons ; dans celles de scientifiques, il y a deux fois plus de garçons que de filles. Ça veut bien dire quelque chose, quand même, sur la sensibilité artistique des filles. Moi, alors même que j'aurais pu me retrouver dans une section scientifique, j'ai préféré aller en littéraire, par goût.

Les garçons aiment bien obtenir des résultats assez vite. Pour vraiment apprécier un livre, il faut lire beaucoup, s'habituer au vocabulaire, à la grammaire, au style. Les filles sont plus patientes par rapport à cet apprentissage que les garçons. Bien sûr il y a des filles que ça ne passionne pas du tout, qui préfèrent Internet, les copines, tout ça.

C'est aussi une différence d'éducation. On dit toujours : « Les garçons ne doivent pas pleurer », mais maintenant que les filles et les garçons sont mélangés, ça s'améliore. C'est sûr qu'on ne s'attend pas non plus à ce qu'un garçon pleure tout le temps.

Ce qui est frappant, c'est que les garçons et les filles n'ont pas la même conception des relations amoureuses : quand les garçons ont envie d'engager une relation, c'est plus pour frimer, les filles, c'est plus pour se faire chouchouter, car on se sent plus fragiles physiquement, on a envie de se faire protéger. On retrouve ça dans la conception du couple traditionnel : c'est plutôt l'homme qui doit s'occuper de la femme : l'emmener au restaurant, au cinéma, ce qui est plutôt agréable. Je ne sais pas si ça va se perpétuer aux garçons de ma génération… Pour l'instant, ils sont assez immatures. D'ailleurs, même très jeunes, ils préfèrent tester leur force, se bagarrer, contrairement aux filles. Ils sont plus facilement mauvais joueurs, surtout quand ils se font battre par des filles. Toutes les histoires qu'ils font pour savoir si un tel a marché sur la ligne avant de marquer le but ! En général, ils sont plus motivés pour le sport.

Avez-vous des frères et sœurs ? Être une fille, ça se passe comment dans votre famille ?

J'ai une petite sœur de treize ans… Au moment où je sors de ma crise d'adolescence, elle tombe en plein dedans, mais ça ne se manifeste pas de la même manière. Ce qui l'intéresse avant tout, ce sont les copains, les copines : ils passent beaucoup de temps ensemble à parler du collège, des profs, de ce qu'ils voient à la télé, de ce qu'ils écoutent comme musique. Elle est bonne élève, elle aime bien lire, mais je ne crois pas qu'elle soit attirée comme moi par la littérature. Moi j'étais insolente, je trouvais que mes parents ne me laissaient rien faire. Je prenais le contre-pied de tout ce qu'ils me disaient. C'était vraiment une période de transition. Petites, nous n'avions pas d'ordinateur. Quand mes parents m'en ont acheté un pour mes études, j'ai commencé à m'en servir pour chatter, parce que j'habite loin de mes amis, et mes parents me faisaient des réflexions. Maintenant qu'ils ne me disent plus rien, je suis saturée d'ordinateur au bout d'une demi-heure. En fait, mes parents me laissent assez libre. Le fait que je sois une fille, je le sens surtout dans mes relations avec ma mère. Elle me corrige, par exemple, sur ma façon de parler ou d'être. Elle ne me dit pas : « Tu ne fais pas ça parce que c'est pas bien pour une fille », mais parce que « c'est grossier, vulgaire », etc. Il y a aussi l'aspect physique. Ma mère est toute fine, et moi j'aime bien manger, et ça ne me gêne pas d'être un peu plus enrobée, alors elle me reprend souvent. Elle voudrait que je sois plus mince. Dans sa vision à elle, c'est plus joli. Dans le fait que j'ai plus de formes, elle se rend compte que j'ai grandi, que je suis une femme, peut-être que ça l'inquiète, parce que ça veut dire que je vais bientôt sortir de sa vie. Elle s'inquiétait aussi que je prenne la pilule parce que c'est un médicament ; elle aurait préféré que j'utilise des préservatifs. Elle pensait qu'il fallait que j'attende l'amour de ma vie pour avoir ma première relation sexuelle. Je lui ai répondu qu'on ne pouvait pas rencontrer l'homme de sa vie du premier coup ; peut-être que si elle avait eu d'autres expériences, elle aurait choisi un autre homme que papa. En général, les filles ont envie de fonder une famille plus tôt que les garçons. Moi, l'idée de me réserver pour un seul homme, ça ne me plaît pas du tout ; je ne suis pas aussi romantique. Je ne pense pas que physiquement on puisse avoir du désir pour la même personne toute sa vie.

J'ai de l'admiration pour ma mère parce qu'elle n'a pas fait beaucoup d'études mais qu'elle a trouvé un travail qu'elle aime vraiment – elle est kinésithérapeute. À la maison, elle râle tout le temps parce que mon père ne fait rien pour l'aider à ranger, nettoyer ou cuisiner. Au bout d'un moment, elle finit par s'énerver contre tout le monde. J'aime mes parents, je reconnais leurs qualités, mais, plus tard, j'espère ne jamais avoir la relation de couple qu'ils ont.

Comment vous imaginez-vous plus tard ?

Quand j'étais enfant, je n'aimais pas du tout les poupées mais je lisais beaucoup, j'inventais des histoires. Pendant longtemps, j'ai voulu être vétérinaire, puis vers 13-14 ans je me suis dit que la littérature m'intéressait plus. Mes parents étaient un peu déçus que je renonce à mon projet, mais je leur ai dit que vouloir être vétérinaire, c'était un rêve d'enfant, que je ne me voyais pas faire des piqûres, tout ça. Maintenant ils me soutiennent, ils voient que j'ai vraiment envie d'étudier la littérature. J'ai commencé très jeune à lire des classiques. L'influence culturelle m'est plutôt venue par mes oncles et mes tantes, qui habitent plus loin dans une plus grande ville. Ils habitent une grande maison bourgeoise avec plein de livres, on sent la culture partout.

Je suis sûre que les études que je vais faire après mon bac, à Paris, seront passionnantes, mais j'ai peur que ce soit trop dur, même si je suis une bonne élève, aujourd'hui, on ne sait jamais. Et puis le discours des profs, des adultes est tellement pessimiste qu'on finit par se demander si ça vaut la peine de faire des études. Ils n'arrêtent pas de répéter que, même avec bac + 5, on se retrouve au chômage, que tel secteur est bouché, etc., si bien que certaines filles qui avaient envie de faire de longues études se sont rabattues sur des filières courtes, où après deux ans on peut travailler. Dans mon lycée, les garçons s'orientent assez systématiquement vers des études plus courtes, plus axées sur le marché du travail.

Je ne sais pas ce que je veux faire plus tard. J'aimerais avoir une activité intellectuelle, culturelle intéressante, et fréquenter des gens qui partagent mes goûts. L'entourage compte beaucoup. Pour l'instant, je n'ai pas envie d'enfants, je n'ai pas l'impression que j'aurais la patience pour m'en occuper. Mariée, pourquoi pas ? Je ne me vois pas vivre toute seule tout le temps. Je ne m'attends pas à rencontrer l'âme sœur, mais il y a des gens avec lesquels on peut s'entendre très bien. Si le désir de rencontrer quelqu'un devient la première préoccupation d'une personne, ses relations amoureuses risquent de ne pas marcher. Il ne faut pas attendre qu'une rencontre amoureuse rende notre vie intéressante. Au contraire, il faut s'intéresser à ce qu'on fait, et là forcément on rencontrera des gens qui s'intéressent à la même chose. Le dernier copain que j'ai eu, nous étions trop différents, il n'avait jamais le temps pour discuter, on n'avait pas assez de points communs, j'ai fini par laisser tomber.

Aimeriez-vous faire de la politique ?

Parmi les politiques, il n'y a personne aujourd'hui que j'admire vraiment. L'idée de faire de la politique m'intéresserait, mais je trouve la politique actuelle décourageante, et ce n'est pas facile d'être une femme dans ce milieu. Si je faisais de la politique, ce serait au niveau scolaire : il faudrait mettre beaucoup plus d'argent dans

l'Éducation pour avoir plus de profs, des classes moins chargées, des cours de langue où on parlerait vraiment la langue, pour aider certains élèves défavorisés à consolider ou acquérir des bases.
L'écologie m'intéresse aussi beaucoup. Notre génération y est beaucoup plus sensibilisée : depuis tout petits, on nous apprend à faire attention, on nous donne des cours sur l'effet de serre, la pollution, etc. Par contre, je ne suis pas très intéressée par le féminisme, sans doute parce que je n'ai pas souffert du sexisme. Mais j'imagine que, pour changer les rapports entre les sexes, c'est toute la civilisation qu'il faut repenser. Il faudrait commencer par faire appliquer les lois !

Nour

Nour, 18 ans, en terminale L théâtre dans un lycée de la banlieue parisienne de 1500 élèves environ **(l'interview s'est faite *via* Internet, par écrit).**

● *Comment vivez-vous le fait d'être une fille dans votre famille, votre quartier, votre lycée ? Est-ce plus facile, voire plus agréable d'être une fille plutôt qu'un garçon ? Pensez-vous que filles et garçons sont traités de la même manière ? Si oui, pouvez-vous me donner des exemples et me dire pour quelles raisons, selon vous, on les traite différemment ?*

Être une femme, ça n'est pas simple au quotidien. Mais cela dépend d'un certain nombre de facteurs, comme les coutumes familiales et religieuses, ou encore l'âge et la façon d'être. Je m'explique : être une fille, c'est d'abord accepter des changements, des changements qui ne

se contrôlent pas et qui évoluent sans cesse. Par exemple, l'arrivée des règles, de la poitrine, et la phase hormonale qui vient au moment des règles, celle qui fait le plus prendre du poids et qui donc entraîne des traumatismes psychologiques. On est dans une société où le modèle féminin est la minceur, la beauté et le look. Mais c'est un cercle vicieux, puisque, lorsqu'une fille ne se trouve pas « conforme » à cette norme, elle garde en elle ce mal-être et n'a donc pas forcément envie de s'occuper d'elle et donc d'être coquette.
Les hommes n'y sont pas pour rien : certains affirment qu'ils aiment les femmes avec des formes, mais ils fantasment sur ces femmes que l'on trouve dans les magazines. Encore une fois, certains nous rassurent en nous disant qu'on est bien et qu'on leur plaît, mais nous, rien ne nous rassure, et l'idée qu'on se fait de nous nous renferme encore plus. Mais maintenant beaucoup de femmes rondes s'assument et prennent soin d'elles, et même si cette image fait chaud au cœur, je reste persuadée qu'un homme préférera être avec une femme qui fait attention à son corps.
Issue d'une famille plutôt sévère et qui s'appuie sur des principes, je suis ancrée dans certaines valeurs qui peuvent être remises en cause par mes amies, par exemple, mais qui aujourd'hui me paraissent normales. Par exemple, le fait qu'une

fille ne doive pas sortir le soir... Même si c'est mon éducation qui m'impose de refuser de sortir le soir, les autres, autour de moi, ne le comprennent pas toujours. Mais, en ce qui me concerne, j'ai pris l'habitude d'être chez moi le soir, et ce qui me débecte, c'est que la majorité des parents se laisse dépasser par une nouvelle génération qui fait ce qu'elle veut et n'a plus de limites. Je ne peux pas reprocher à mes parents d'avoir peur pour moi et de me surprotéger, ils m'ont faite plutôt tard et ne comprennent pas forcément ce « nouveau monde » ; ils ont peur pour moi, même s'ils ont été maladroits dans mon éducation. Y a-t-il des parents parfaits ? Je ne crois pas, mais voir l'ouverture d'esprit de certains parents donne parfois envie de les échanger avec les siens pour une journée... En même temps, mes parents sont à la maison à regarder le journal télévisé et ne voient que des accidents, des viols, etc. Comment ne pas s'inquiéter ? Pour moi, le dialogue est primordial, mais tout le monde ne sait pas comment discuter, et mes parents sont persuadés qu'ils n'auraient pas pu faire mieux que de cette façon, et ils ne comprennent pas ce qu'ils ont pu rater.

Pour les parents, le garçon est plus débrouillard et, quoi qu'il fasse, il n'a pas d'honneur à sauver, c'est aussi pour cette raison que ce sont les filles qui sont surprotégées, et même d'ailleurs par les frères, qui se sentent dans le besoin d'avoir un rôle « paternel » envers leurs sœurs. Et même si je me dis que certaines choses sont réservées aux femmes et d'autres aux hommes, ce qui n'empêche pas une mixité dans certains domaines, ne sommes-nous tous pas sortis d'un utérus ?

Louise

Louise, 18 ans, en terminale L théâtre, dans un lycée de la banlieue parisienne de 1500 élèves environ.

● *Êtes-vous contente d'être une fille ?*

Être une fille présente des avantages, mais être un garçon offre d'autres opportunités, notamment plus de liberté, surtout dans la cité où j'habite... Les garçons sont moins jugés sur leur comportement, alors que les filles, on les épie. Une fille qui s'habille un peu découvert, on va dire que c'est une salope, alors qu'un garçon, on n'y prête pas vraiment attention. C'est plus risqué aussi d'être une fille : on ne peut pas rentrer à n'importe quelle heure, sinon on risque de se faire agresser. Ce n'est pas normal. Parfois je reconnais, parmi ceux qui agressent verbalement ou physiquement les filles, des types qui étaient avec moi à l'école primaire. À l'époque, ils ne faisaient pas vraiment attention aux filles et puis, dès qu'ils ont commencé à grandir un peu... Soit on leur a appris à penser comme ça – que les filles c'est de la viande, on n'a pas à les respecter –, soit c'est un manque d'éducation de ce côté-là, parce que ça s'apprend. En même temps, c'est dur à comprendre parce qu'ils respectent beaucoup leur mère, énormément leurs sœurs – il ne faut pas qu'on les touche –, mais dès que ça ne fait plus partie du cercle familial, ils n'en ont rien à faire : aucune considération.

Parfois j'ai envie de me dire que je m'en fiche, que je m'habille comme je veux, que je me fais jolie si je veux, et puis je m'aperçois assez rapidement que je ne peux pas parce que je me fais aborder de façon très lourde ; et ça peut être dangereux car ces garçons ne comprennent pas quand on dit « non ». Ils s'attendent à quoi, en fait ? Qu'on leur tombe dans les bras tout de suite ? Si on ne répond pas, on est des salopes, si on répond, on est des salopes aussi parce qu'on est des filles faciles. En gros, on ne peut rien faire : ce sont eux qui décident. Heureusement, tout le monde n'est pas comme ça.

Quand je me rends dans des festivals de musique, de théâtre, je peux me promener en short et maillot de bain sans me faire insulter ou regarder comme un bout de viande. Les hommes peuvent me considérer comme une jolie femme, mais ils ne vont pas me le faire remarquer par des remarques déplacées. La séduction ne doit pas être une agression. Il faut avoir le feeling ; or certaines personnes n'attendent même pas que ce feeling se produise. « Tu veux, tu veux pas, je m'en fous, c'est pareil. » Même si on est très libre dans notre tête, on ne peut pas l'être dans le concret, puisqu'on ne peut même pas s'habiller comme on veut.

J'ai essayé de parler avec des gens de la cité – majoritairement des garçons, parce que les filles sortent peu. J'ai à peine commencé à m'adresser à eux, à leur parler, qu'ils me considèrent non comme un être humain mais comme une « proie potentielle ». Ils ne cherchent pas à savoir si les filles sont intéressantes en tant que personnes. Je fréquente des garçons dans un groupe assez restreint, où nous avons la même mentalité, mais quand même, par rapport au nombre de garçons que je connais, il s'agit d'une minorité. Il y a forcément un facteur social : ceux que je considère comme mes amis sont des gens qui ont reçu la même éducation que moi ; nous avons touché à beaucoup de matières artistiques grâce à nos parents quand nous étions petits, nous avons été ouverts à plein d'horizons, nous avons voyagé, donc nous connaissons d'autres cultures, d'autres lieux que notre ville. Eux n'ont pas du tout la même attitude à l'égard des femmes. Ils sont choqués par les comportements sexistes.

Quel type d'éducation avez-vous reçu ?

Mes parents nous laissent beaucoup de liberté, à mes sœurs et à moi (j'ai une sœur de vingt ans et une de treize ans) : pas de restrictions de sortie, contrairement à des amies qui ne peuvent pas sortir après la tombée de la nuit ; je ne pense pas qu'ils nous auraient laissé plus de liberté si nous avions été des garçons. Ma mère, qui s'habille comme un garçon manqué, nous imposait son mode vestimentaire, mais on a eu des poupées Barbie. Avec l'adolescence, c'est nous qui avons repris notre « part de féminité ». Mes parents ne m'ont jamais imposé quoi que ce soit, c'était plutôt des suggestions. En cours, je n'ai pas l'impression non plus que les profs traitent différemment filles et garçons, mais je suis en classe littéraire, il n'y a que trois garçons dans la classe, du coup ils sont assez discrets. Avant, j'étais dans un collège CHAM (classes à horaires aménagés musique), où l'on avait cours le matin, avec des activités extrascolaires l'après-midi. On partageait les mêmes valeurs de gauche, un peu provoc avec les profs, et on était très solidaires, sans distinction garçons-filles.

Ma petite sœur fait du cinéma depuis qu'elle est toute petite, elle joue et écrit un scénario, et ma grande sœur a passé son bac théâtre et elle est en fac maintenant. Nous avons commencé à faire du cirque quand nous avions quatre ans : c'est une activité où l'on rencontre aussi pas mal de garçons, sauf qu'ils se tournent souvent vers le trapèze ou l'acrobatie. Peut-être que, si j'avais été un garçon, j'aurais adoré l'acrobatie et je me serais spécialisée là-dedans. Les garçons ont plus l'habitude de faire des trucs risqués ; moi j'avais peur de me lancer dans des figures acrobatiques, et du coup je n'ai jamais progressé. Je suis déjà tombée au trapèze, quand je m'entraînais alors que j'étais trop fatiguée.

Ma mère est conteuse et éducatrice pour jeunes enfants, et mon père est informaticien. Ma mère rentre très tard le soir et nous quittons la maison le matin aux mêmes heures, ce qui ne nous laisse pas beaucoup de temps pour nous voir et nous parler ; c'est ainsi depuis que je suis toute petite. Pourtant nous avons des choses en commun : nous avons fait de la chorale ensemble, nous nous intéressons au théâtre. Mon père s'occupe de tout ce qui est administratif, pratique, du point des vue des activités : c'est lui qui nous inscrit, qui paie, etc. Même si mon père ne pratique pas d'activité artistique, il aime les festivals de musique, de théâtre... J'ai l'impression que mes deux parents m'ont influencée autant l'un que l'autre.

La publicité ou les jeux influencent-ils le comportement des filles et celui des garçons ?

Il suffit de regarder les nouvelles Barbie, elles font peur ! Ce sont des espèces de pouffes... Et c'est ça qu'on nous montre depuis qu'on est petit(e)s ! Inconsciemment, on essaie de leur ressembler et, quand on n'y arrive pas, on ne trouve pas ça normal. On devrait pouvoir avoir les formes qu'on veut sans que ce soit choquant. Même les garçons sont conditionnés à aimer un certain type de femme, c'est triste : ils s'orientent tout de suite vers ce genre de physique ; on dirait que les hommes qui aiment les femmes rondes sont assez rares, alors que, à d'autres époques, c'étaient plutôt les femmes rondes qui étaient appréciées des hommes. Les goûts sont vraiment conditionnés par la société : la partie la plus érotique des femmes, c'étaient les chevilles à une époque, et aujourd'hui ce sont les seins. Pourquoi les seins plutôt que les chevilles ? On nous a appris à trouver beau ce qui ne l'est pas forcément. Il paraît qu'on essaie de revoir les normes des mannequins – moins rachitiques –, mais je n'ai pas vu grand-chose de changé pour l'instant.

Dans leurs goûts pour les hommes, les femmes sont beaucoup moins influencées que ne le sont les hommes dans leurs goûts pour les femmes : peut-être parce qu'il y a moins de publicité avec des hommes en sous-vêtements qu'avec des femmes. Et puis les femmes regardent moins le corps en premier, c'est moins important pour elles.
Pour résister à la pub, il faut apprendre à réfléchir par soi-même, à remettre en question les mouvements de masse. Beaucoup de gens sont très conformistes, n'imaginent même pas qu'ils peuvent réagir autrement que de la façon qu'on attend d'eux.
Pour ma part, je n'ai jamais suivi les modes vestimentaires, ce qui n'est pas toujours vu d'un très bon œil. J'essaie de me conformer à mes goûts. Mais dès que quelque chose qui me plaît devient à la mode, je n'en veux plus, parce que, après, tout le monde se ressemble, c'est sans intérêt. La mode, c'est vraiment n'importe quoi : ils arrivent à te vendre des trucs objectivement vraiment affreux, à des prix exorbitants, et tout le monde l'achète et personne ne sait pourquoi il l'achète. On aurait montré des vêtements, deux ans avant qu'ils ne deviennent à la mode, à celles qui les portent aujourd'hui, elles n'en auraient pas voulu, en disant que c'est immonde.

Que veut dire être féminine ? Est-ce que ça a un sens ?

Être féminine ? Une certaine délicatesse qu'il y a chez la femme et pas chez l'homme ? En réalité, je ne saurais pas vraiment le définir. Dès qu'un homme est un peu délicat, on va dire qu'il a des mimiques de gay. Ce sont des choses qui se sont installées avec le temps. Dans la société, on fait toujours une distinction entre les hommes et les femmes : on fait plus confiance aux femmes pour ce qui est de l'éducation – on pense à l'instinct maternel, ou on a peur des pédophiles ; on a aussi tendance à penser que les femmes sont plus pointilleuses, plus soucieuses, alors que les hommes peuvent l'être tout autant.

Comment vous imaginez-vous plus tard ?

Quand j'étais enfant, je voulais avoir une situation stable, un métier qui rapporte, pas comme ma mère. J'ai tenté une S, ça n'a pas marché, je suis retournée vers ce qui me plaisait le plus et je vais continuer ainsi, en espérant que je trouverai un travail en lien avec ce qui me plaît. C'est finalement le plus important. Ma mère m'a dit : « Ne prends pas un métier qui rapporte, prends un métier que tu aimes, sinon tu vas t'ennuyer toute ta vie. Ça n'a pas de sens de passer la journée dans un métier qu'on n'aime pas et de rentrer chez soi pour regarder la télé. Mieux vaut avoir une vie courte et passionnante. »

Après le bac, je ferai une fac de philo pour ouvrir mes horizons, mais je ne sais pas ce que je voudrais faire plus tard. Dans la société où l'on vit, il faut toujours une roue de secours. Dans l'idéal, j'aimerais arriver à conjuguer toutes mes activités : le cirque, la danse, le chant et le théâtre, dans une activité qui me permette d'être polyvalente. En gros, j'aimerais tout faire, être une artiste la plus complète possible.

Je ne me vois pas encore posée dans un pays particulier, donc avoir des enfants, c'est compliqué quand on voyage et c'est dur de leur imposer de ne pas avoir de lieu fixe ; ça peut les empêcher de trouver leurs repères. Les enfants aiment leurs habitudes, ils pourraient avoir du mal à changer tout le temps de maison.

Aimeriez-vous faire de la politique ?

La politique ne m'intéresse pas. Il faut bien se bouger pour faire bouger les choses, mais en même temps les partis ou les associations qui ont le plus de choses intéressantes à dire se font rarement entendre. Même si le résultat est vain, ça vaut la peine, ne serait-ce que pour ne pas se sentir passif.

Séverine

Séverine, 31 ans, cadre moyen dans un métier culturel.

● *Êtes-vous contente d'être une femme ?*

Je suis fière d'être femme – c'est drôle, parce que je ne suis pas responsable du fait d'en être une. J'ai le sentiment d'appartenir à un genre, à une histoire, j'ai une grande admiration pour celles qui se sont battues afin que nous ayons une meilleure condition. Quand j'étais adolescente, très tôt j'ai admiré des grandes figures féminines, comme Émilie du Châtelet, ou féministes, comme Simone de Beauvoir ; des femmes qui ont brillé par leur personnalité et leur intelligence.

En même temps, paradoxalement, lorsque j'étais enceinte et que j'ai appris par l'échographie le sexe de mon enfant, j'ai ressenti comme un soulagement. Je me suis dit : « Ouf, c'est un garçon, ça va être plus simple pour lui ! » – ce qui est très étonnant parce que je ne fais pas partie de celles qui ont souffert ou dû se battre en tant que femmes. Mon compagnon et moi n'avions aucune préférence définie sur le sexe de notre futur enfant, et pourtant j'ai eu cette réaction. Pas seulement parce que le monde du travail est plus défavorable aux femmes ; mais parce que ce qu'on vit en tant que femmes tous les jours en 2010, en France (je sais bien que nous ne sommes pas au Pakistan !), tous ces comportements, ces attitudes qu'on rapporte à notre sexe, ces tentatives de séduction qu'il faut savoir repousser, notamment dans le milieu professionnel, au moins, en tant qu'homme, il n'aura pas ça à gérer.

Quel type d'éducation avez-vous reçu ?

Mes parents étaient de gauche, très ouverts, et nous ont élevées, ma grande sœur et moi, plutôt en réaction avec leur propre éducation, très traditionnelle – ma mère est passée de son père à son mari, avant cela elle avait dû se bagarrer pour pouvoir faire des études d'institutrice et, heureusement pour elle, mon père était féministe ! Ils n'auraient sans doute pas traité différemment des garçons s'ils en avaient eu. D'accord, on a été élevées comme des petites filles, habillées comme des petites filles et avec des activités de petites filles – cours de danse classique et de musique, ni foot ni sport de combat ! Ma mère était plus présente auprès de nous en raison de sa profession (mon père était ingénieur), nous avons été élevées dans la lecture et le goût pour la culture. Parents et filles étaient très soudés, passaient beaucoup de temps à discuter, à faire des choses ensemble. Ma sœur et moi avons fait des études supérieures – ma sœur des études scientifiques, moi littéraires. Je n'ai jamais eu l'impression que mes choix de vie étaient biaisés parce que j'étais une femme. Avec l'âge, j'ai de plus en plus de respect pour ma mère car je sais que sa jeunesse a été bien plus dure que la mienne : en tant que fille, elle a eu du mal à affirmer ses choix. Elle est partie en voyage de noces avec sa belle-mère à Venise. Quand elle a perdu son premier enfant, tout de suite on lui a dit : « Quand est-ce que tu en refais un pour Philippe ? » Elle ne voulait pas d'enfants au départ. Elle-même ne s'est jamais autorisé ce que je m'autorise, moi : laisser ses enfants à son mari pour faire un tour avec ses copines.

Avez-vous déjà eu l'impression d'avoir subi une ségrégation en tant que femme dans votre métier ?

Pas encore, mais je pense que le problème va bientôt se poser, parce que je commence à grimper les échelons et que je suis mère depuis peu de temps – il est vrai qu'avant je ne me posais pas la

question. Je constate de plus en plus qu'il est très difficile de mener sa carrière et sa maternité de front, de ne pas faire de choix ; il m'arrive de rentrer très tard du travail, je dépasse allègrement les cinquante heures par semaine à certaines périodes de l'année (sans que ces heures supplémentaires me soient payées ou compensées par des journées libres). J'ai de la chance que mon compagnon soit enseignant et puisse être plus souvent à la maison. Pour parler de manière caricaturale, nous formons presque un couple inversé : c'est lui qui a un « métier de femme » et moi des « horaires d'homme » ; contrairement à d'autres collègues femmes, je ne suis pas obligée de partir tôt pour aller chercher mon enfant chez sa nounou. Ça ne se remarque pas forcément, mais incidemment j'apprends qu'une telle ne sera pas sur tel projet ou est moins impliquée parce qu'elle a des contraintes horaires de cet ordre. Je me demande comment font les mères célibataires – autant en termes financiers qu'en termes de gestion du temps – qui après une séparation doivent assumer deux enfants, avec une garde longue, etc. En plus, dans mon métier, la proportion de femmes est énorme (jusqu'à un certain niveau de hiérarchie) !
Malgré tout, lorsque je parle de « couple inversé », j'omets de parler de la culpabilité que je ressens

vis-à-vis de mon enfant ou de mon compagnon, alors que, dans un couple traditionnel, le mari qui a peu de temps à consacrer à sa vie de famille le perçoit comme une chose normale. C'est juste une histoire de temps. On intériorise en tant que femmes, que mères, des devoirs qu'on n'a pas le temps de remplir ; ce type de culpabilité est à mon avis proprement féminin. C'est aussi cela que mon fils aura de moins à gérer dans sa vie d'adulte... Même si je sais que d'autres clichés affectent les garçons et les hommes, ils sont plus faciles à assumer.

Bien sûr, je ne réduis pas les difficultés de la vie à une question de genre – tout dépend aussi du milieu social. La vie d'un homme d'un milieu social défavorisé est bien plus dure que la mienne, mais j'imagine qu'une femme de ce même milieu défavorisé est encore plus perdante.

Là où notre couple n'est pas non plus la simple inversion d'un couple traditionnel, c'est dans la manière de s'occuper de l'enfant. Mon compagnon, lui, va avoir beaucoup de temps de jeu, beaucoup de temps de plaisir avec notre enfant, il prend du temps *avec* l'enfant, alors que je prends du temps *pour* l'enfant, pour tout ce qui est intendance. C'est moi qui prévois ce qu'il va manger, ce dont il va avoir besoin, c'est plutôt moi qui l'emmène chez le médecin, quand j'étais enceinte c'est moi qui ai cherché une nounou, en même temps que je recherchais un emploi. Je n'ai jamais discuté de cela avec lui, car j'ai l'impression d'avoir déjà beaucoup de chance d'être avec quelqu'un d'aussi présent auprès de notre enfant. Et si c'est moi qui rédige la liste de courses, c'est quand même lui qui les fait.

Et cela vous donne des idées sur la manière d'éduquer votre enfant ?

Oui, je fais en sorte qu'il n'ait pas d'idée préconçue sur son rôle dans la vie. J'essaie de l'élever non comme un petit garçon, mais comme un petit individu. Il est un peu difficile de contrôler le modèle offert par les jouets, à cause des cadeaux, de la société de consommation. On ne peut pas refuser les cadeaux « spécial garçon », pour ne pas blesser ceux qui les offrent, mais de notre côté on offre ce qui lui fait envie, et pas obligatoirement des trucs de garçon. Chez sa nounou, mon fils adore jouer au marché avec une grande fille qui est gardée avec lui. Quand j'ai voulu lui acheter une boîte avec les petits légumes, la caisse, etc., je ne l'ai trouvée qu'au rayon filles du supermarché : ça s'appelle le « jeu de la marchande », pas « du marchand », c'est tout rose et pas vert. Il faut dire que, dans les énormes rayons jouets des grands magasins, avec leur système de classement, on distingue vraiment deux mondes caricaturaux et opposés : le rayon filles avec poupées et mini-fers à repasser pour imiter maman, et le rayon garçons avec Lego et mini-établis de bricolage pour imiter papa, et l'on ne risque pas de trouver le petit garçon avec son papa au premier. Comme s'il était inconcevable d'intervertir les rôles et les joueurs ! J'ai l'impression que, lorsque j'étais enfant, les jeux étaient beaucoup plus indifférenciés.

Si mon fils veut faire une activité considérée comme une activité de fille – danse classique, flûte traversière ou autre –, il le fera sans problème. Déjà, à deux ans et demi, il débarrasse, par exemple, il apporte l'aspirateur à son père. Quand ma belle-mère lui a dit : « Tu ne dois pas pleurer parce que tu es un grand garçon », j'ai rectifié : « Mamie te dit qu'il ne faut pas pleurer parce que tu es grand, non parce que tu es un garçon. Les garçons, ça pleure, comme les filles... »

N'empêche que les cadeaux sont envahissants ! L'autre jour, en regardant le salon, j'ai vu des motos de police, des camions de pompiers, un garage, des trains, et la chose un peu différente, c'était la petite machine à laver que j'avais récupérée d'une copine et le « jeu de la marchande », justement. Et quand mon fils joue à remplir sa machine à laver, il dit : « Comme maman. »

Je suppose qu'il a appris ça chez sa nounou – qui ne pensait pas à mal, c'est parce que chez elle c'est comme ça. On ne contrôle pas tout quand on est parent – et parfois heureusement, d'ailleurs.

Et votre compagnon est d'accord avec ces principes d'éducation ?

Oui, alors qu'il vient d'un milieu très traditionnel : sa mère n'a pas travaillé jusqu'à ce qu'elle émigre en France avec son mari (il avait alors neuf ans) ; d'ailleurs, elle ne s'est pas privée de me faire des réflexions sur le fait que je donnais mon bébé de quatre mois à garder pour retourner travailler, et que le petit voyait son père plus souvent que sa mère...

À l'époque du lycée, je crois, mon compagnon a rencontré des gens issus d'un autre milieu et il a commencé à se construire autrement, d'abord en rejetant ses parents, comme cela arrive souvent. Maintenant, il a trouvé un équilibre, il reconnaît ce qu'ils lui ont apporté, les valeurs positives qu'ils lui ont transmises, même s'il n'est plus très proche d'eux. Sa jeune sœur a aussi fait des études longues, elle parle quatre langues, elle a un super-métier. Les enfants ont connu une ascension sociale, et leurs parents en sont très fiers.

Comment pensez-vous résoudre ces problèmes de temps et donc de culpabilité ? Arrêter de travailler ? Essayer de travailler à temps partiel ?

Arrêter de travailler, jamais. En dehors de l'aspect financier, j'ai besoin de travailler pour mon épanouissement personnel, de me sentir indépendante. Je conçois qu'il y ait des périodes où l'on va cesser de travailler deux ou trois ans, mais même ça j'ai du mal à m'y résoudre. En plus, pour des questions d'intérêt, je ne supporterais pas de ne m'occuper que de ma maison, de mon enfant. Quant au temps partiel, tel qu'il existe aujourd'hui en France, ce n'est pas la solution non plus : c'est bloquant au niveau professionnel, et souvent c'est un non-choix. La solution idéale, ce serait la transformation plus globale de la société, avec d'autres modèles de travail, pour avoir plus de temps...

Il faudrait peut-être seulement que les trente-cinq heures soient respectées...

Oui, bonne idée ! Parfois je rêve d'avoir du temps pour moi, pas seulement pour mon couple et mon enfant ! Sortir avec des copines, aller voir une expo... Lorsque j'étais plus jeune, je pensais que j'aurais une vie de joyeuse célibataire en perpétuel mouvement, qui voyage, qui sort ; j'avais un peu peur de l'engagement et puis je suis tombée amoureuse, c'était totalement imprévu.

Et alors que vous ne vous étiez jamais imaginée en mère, vous vous sentez coupable de ne pas correspondre à des critères de disponibilité qui sont, après tout, récents ?

Oui, énormément. Pas seulement parce que je ne peux pas consacrer plus de temps à ma famille, mais aussi pour la mère que je suis. Quand je discute avec d'autres mères, je me sens en décalage même au niveau de ce que je ressens, de ce que je devrais ressentir. Être enceinte, ce n'était pas désagréable, mais pas extatique non plus. Mon accouchement s'est bien passé, sous péridurale, je ne tenais pas à la « naissance naturelle ». Après, les premiers mois, c'était très fatigant, pas vraiment épanouissant, j'avais vraiment l'impression d'avoir à m'occuper d'un petit animal – et certaines personnes ont été choquées lorsque j'ai dit après cette période : « Là il a atteint l'âge où ça devient intéressant. » De toute façon, il n'y a pas de mère parfaite, et je sais qu'on rejette ses parents à un moment – ça choque aussi quand je dis ça, quand je dis qu'on fait un enfant pour qu'il s'en aille, pour qu'il devienne autonome. On me fait parfois remarquer que, alors qu'il est tout petit, je m'adresse à lui comme s'il était plus grand. Parfois même j'ai un peu honte de l'intérêt (ou du manque d'intérêt) que je lui porte. Au bout de trois jours où je le garde seule, j'ai des envies de m'échapper ! Ça n'est pas une souffrance, bien sûr, mais j'ai l'impression que ce n'est pas bien de penser ça. Une « bonne mère » devrait être dévouée, être en perpétuelle admiration devant son enfant.

Aujourd'hui, avec la contraception, on choisit d'avoir un enfant, ça n'est plus une fatalité de la vie en couple. Du coup, on se sent plus de responsabilités, plus de devoirs à l'égard de son enfant. Avant, les enfants n'avaient que des devoirs vis-à-vis de leurs parents, maintenant ils n'ont que des droits, ce qui n'est pas non plus excellent pour la construction de leur personnalité. Sentir qu'on est tout le temps là pour eux, ça doit les étouffer, voire les rendre dingues.

Comment avez-vous eu envie de faire un enfant ?

Ce n'était pas du tout planifié, nous savions que nous aurions envie de faire un enfant un jour, que nous avions la même idée de la vie, avec le désir de fonder une famille. Et puis ça m'a prise comme ça, un des rares « trucs d'instinct » auxquels je me sois abandonnée, à un moment où j'étais au chômage, où je n'étais pas complètement accaparée par le travail, j'ai reporté mon intérêt sur un autre aspect de ma vie – à force de travailler, on oublie de se poser certaines questions...

Nous ne voulons pas d'autre enfant pour l'instant. Matériellement, ce serait trop lourd. Aujourd'hui, nous n'avons ni l'argent ni la place pour l'accueillir, et cela impliquerait pour le coup des grandes prises de décision sur le plan professionnel. En même temps, je me dis que ça serait lourd pour notre fils de porter tout le poids de la famille, une fois adulte. Une « vraie » famille, c'est au moins deux enfants. Ma grande sœur, elle, n'a pas d'enfants, par choix. Mais on lui demande sans cesse de se justifier par rapport à ça. Elle a 35 ans, travaille dans l'informatique ; elle et son compagnon ne vivent pas dans la même ville. Ses collègues de travail lui posent sans cesse la question : « Pourquoi tu n'as pas d'enfant ? » alors qu'on ne pose jamais la question à son compagnon. Quand ils pensent qu'elle est stérile, ils la plaignent et vont jusqu'à lui demander : « Tu as pensé à l'adoption ? » Et quand elle répond que c'est un choix de vie, qu'elle et son compagnon ont trouvé leur équilibre et aiment faire beaucoup de choses, sortir, voyager ensemble, sans ressentir le besoin de se perpétuer, on les considère comme de parfaits égoïstes. Alors qu'avoir un enfant aujourd'hui, c'est se faire plaisir, c'est s'offrir quelqu'un qui va nous aimer ; on le fait pour soi, pas par amour pour lui, puisqu'il n'existe pas encore. Mes parents n'ont jamais exercé de pression pour que nous ayons des enfants, ils ne sont pas du tout intrusifs.

En entretien d'embauche, vous a-t-on demandé si vous aviez des enfants ou si vous en vouliez ?

Non, mais on m'a demandé ce que j'avais fait durant les cinq mois de « trou » de mon CV, qui correspond à mon congé maternité. J'ai répondu que c'était du temps que j'avais pris pour un « projet personnel ». De peur que ça ne me pénalise, de peur qu'ils ne pensent : « Elle a un enfant de quatre mois, elle va vouloir partir à la crèche à cinq heures », et aussi parce que j'estime que ça ne les regarde pas. Quand un employeur reçoit une jeune femme de 30 ans, il se dit que soit elle a déjà des enfants, soit elle va en faire, et dans les deux cas c'est pénalisant. Heureusement, ma profession est très féminisée, ils ont l'habitude de « gérer le problème ».

Êtes-vous féministe ?

Oui, mais sans militer à un groupe uniquement féministe. J'ai milité dans des groupes d'extrême gauche qui incluaient le féminisme dans l'ensemble de leurs luttes. Et j'ai rencontré beaucoup d'hommes féministes, qui se battaient pour l'émancipation des femmes dans tous les domaines, que ce soit professionnel, politique, intellectuel...

Je me méfie de l'idée de « féminité ». Quand on me dit que je suis féminine, c'est en rapport avec ma manière de m'habiller – en fait, la féminité dans ce cas est synonyme de « coquetterie ». Mais je ne vois pas du tout ce que « masculin » ou « féminin », par rapport au genre, peut recouvrir, sinon que ce sont des comportements culturels, une reproduction mimétique, et non pas des caractères qui seraient dans les gènes. La douceur ou la délicatesse féminine est presque aussi artificielle qu'un bâton de rouge à lèvres – d'ailleurs je cède beaucoup plus facilement à l'envie de porter du rouge à lèvres qu'à celle de jouer les douces créatures. Chercher à plaire n'est pas un problème quand cela ne devient pas une seconde nature – et il est plus facile d'ôter le rouge à lèvres que la douceur conditionnée. Et puis chacun cherche à plaire, les hommes aussi, chacun peut inventer sa manière de plaire. Quand j'étais plus jeune, avec d'autres amies, l'envie de séduire par son apparence n'était pas du tout contradictoire avec celle de conquérir le pouvoir et l'égalité. Je faisais partie d'une bande d'amis, où quelquefois les garçons me disaient en riant : « Je ne pourrais jamais sortir avec toi, tu es trop fatigante comme fille », et je m'aperçois que ces copains, pourtant brillants, avec qui j'ai partagé tant de moments à discuter et à rire, se sont rangés quelques années après avec des femmes beaucoup plus effacées, qui les confortent dans une certaine idée qu'ils ont de leur rôle masculin, protecteur, dominateur. Et les filles de la bande jugées aussi indépendantes et exigeantes ont en revanche rencontré des hommes qui souhaitaient une relation plus égalitaire.

Pascale

Pascale, 54 ans, ancienne professeure d'espagnol, ouvrière du livre.

● *Êtes-vous contente d'être une femme ?*

Voilà une question qui donne à réfléchir ! J'ai vraiment l'impression qu'on est en régression. Tout ce pour quoi nous nous sommes battues est remis en cause. Quand on voit les barbus... pas seulement en Afghanistan mais en France aussi. Par exemple, les amies de mon fils ne peuvent plus aller en jupe au lycée. Dans le film *La Journée de la jupe*, on les voit bien, ces types qui ne considèrent les femmes que comme des choses à violer. Le mépris de la femme revient en force. Je suis assez utopiste pour continuer à croire que, par ce qu'on fait, on peut montrer l'exemple et continuer à se battre, mais vraiment je me pose des questions. Je trouve que les filles maintenant ne s'interrogent pas assez sur qui elles sont ; pas seulement les filles, c'est une génération qui refuse l'idéologie.

Pourtant il y a des mouvements – la Journée de la jupe, justement, ou Ni putes ni soumises. Certes, ils prennent des formes et des positions différentes des mouvements féministes précédents – qui peuvent être surpris que des jeunes filles revendiquent le port de la jupe ou le droit à se maquiller (donc à être un objet de désir), alors que ces revendications expriment avant tout le désir d'être libre de son corps – au moins dans la manière de le montrer.

Oui, moi aussi je finis par porter des jupes par militantisme ! Quand je pense qu'il y a une cinquantaine d'années, c'était le pantalon qui était interdit. Quel changement en si peu de temps – le temps d'une vie d'une femme de mon âge ! D'abord l'interdiction du pantalon, puis l'interdiction de la jupe ! Quand j'étais petite, l'interdiction du pantalon avait disparu dans mon école, mais dans certaines écoles c'était encore mal vu d'en porter. À part ça, j'ai aussi porté des minijupes avec des dentelles qui dépassaient... J'ai été pouffe comme tout le monde.

Non, pas pouffe, justement, parce que c'est ça qu'on reproche aux filles en jupe !

Non, on ne leur reproche pas d'être pouffes, mais de s'exposer. L'argument des filles qui portent la burqa, c'est : « Nous on est libres parce qu'on ne dépend pas du regard des autres. On ne s'expose plus au désir, là-dessous on est comme on veut et on vous emmerde. » Certaines disent ça. C'est un argument qui me touche beaucoup : ne pas vouloir être de la viande. Moi aussi j'ai dit ça, parce que je trouve énervant de voir sur les pubs toutes ces filles à poil comme de la viande et qui servent à vendre aussi bien une voiture qu'une machine à laver. Et la dictature de l'apparence – il faut avoir un corps comme ci, être habillée comme ça –, elle touche les filles de plus en plus jeunes. La réponse à cette obsession du corps : « On nous impose des choses, donc je le cache », n'est pas si incohérente. Le problème, c'est que, lorsqu'on creuse un peu, derrière le discours il y a une autre vision de la femme comme objet, comme impure et méprisable.

Ce mépris est en germe dans toutes nos religions, pas seulement l'islam : dans le christianisme (depuis l'apôtre Paul de Tarse, sur l'obéissance que les femmes devaient à leur mari, jusqu'aux théologiens qui accusent les femmes d'être des créatures plus soumises à leurs désirs et au péché) ; dans le judaïsme, un homme termine sa prière du matin en remerciant Dieu de ne pas l'avoir fait femme !

Avec les fondamentalistes religieux (ceux que j'appelle les « barbus », pas seulement dans l'islam), à toutes les époques, ce mépris est poussé à l'extrême : depuis les femmes accusées d'être des sorcières et persécutées par l'Inquisition chez les catholiques jusqu'aux talibans aujourd'hui en Afghanistan, où les femmes ne peuvent pas se soigner parce qu'elles ne doivent être vues par aucun autre homme que leur mari et qu'il n'y a quasiment plus de médecins femmes…

La religion sert à tout, notamment à la domination des femmes. Certains hommes ont peur des femmes, surtout quand elles réfléchissent. Dans le travail, au syndicat, on remet souvent à sa place une femme qui insiste sur un point de désaccord ; quand elle est à un poste de direction, on l'accuse très vite d'être acariâtre ou autoritaire.

Je n'ai jamais accepté de me donner l'air important. C'est peut-être que je fais des complexes, mais je trouve ça tellement ridicule ! Quand on regarde une émission de télé en coupant le son et qu'on observe les mimiques des hommes qui veulent avoir l'air important, c'est à mourir de rire ! Pire qu'une émission comique… Leur langage corporel est impressionnant ! Les femmes ont plus de pudeur en général. Moi, j'aurais horreur d'arriver quelque part en disant : « Je suis quelqu'un d'important, écoutez-moi parce que je suis un homme, ou parce que je suis Machin et que j'ai un nom ! » J'ai envie de gagner mon importance par ce que je fais ou ce que je dis. Ce sentiment de sa propre importance est selon moi typiquement masculin. Ça vient sans doute de l'éducation. Ce besoin d'intervenir sans cesse pour avoir raison. Non pas pour dire quelque chose en particulier, mais simplement pour avoir le dernier mot. Faire croire qu'on est intelligent en citant des auteurs... sans même comprendre la question, l'important étant de répondre. Ça m'énerve. Et le pire, c'est que ça marche ! Incroyable, le nombre d'entreprises qui sont dirigées par un de ces personnages qui ont réussi simplement en brassant du vent, en se mettant en avant, en caressant les bonnes personnes dans le sens du poil. Bien sûr, certaines femmes savent très bien le faire aussi, mais la plupart ont une espèce d'humilité qui les pousse d'abord à être efficaces. Même une Margaret Thatcher...

Et vous qui avez un fils, vous ne l'avez pas élevé comme ça ?

Je ne crois pas, non. Pourtant, depuis que j'ai eu cet enfant, contrairement à mes idées d'avant,

féministes, je me suis aperçue que les petites filles n'avaient pas le même comportement, pas les mêmes réactions que les petits garçons. Une petite fille, quand on ne lui donne pas de pistolet, elle ne pointe pas deux doigts vers l'autre en faisant « Pan, pan ! » quand même... À moins que la maternelle ait très vite influé sur le développement de mon fils, je ne vois pas d'où ça peut venir. Les hormones masculines et féminines ne doivent pas aboutir aux mêmes résultats.
Et en même temps, le conditionnement est tellement important, avec toutes les images soumises au regard des enfants dans les médias ou la rue, les comportements parfois inconscients des adultes qui renvoient à des modèles auxquels l'enfant doit essayer de ressembler.

Donc, vous pensez qu'il est plus facile d'être un homme dans la société d'aujourd'hui ?

Paradoxalement, pas forcément, non. La société est faite pour les hommes, certes, mais eux aussi doivent bien se poser des questions, non ? Leur rôle est remis en question par la place des femmes : autrefois elles avaient un statut de mineures, elles n'avaient pas le droit d'avoir un compte en banque, d'être financièrement indépendantes, de voter... Ça limite la contestation. Les rôles étaient répartis, les figures bien établies. Maintenant,

elles ont acquis le statut d'adultes, au moins pour la majorité des gens ; le macho fini n'a plus tellement la cote, et ceux qui persistent à adopter ces anciens modèles ont intérêt à le faire avec une certaine habileté – ce qui n'est pas donné à tout le monde. Je n'ai pas l'impression que les hommes soient plus à l'aise que nous en ce moment – c'est peut-être la raison pour laquelle certains en rajoutent dans la « provocation », et essaient de nous réimposer le statut d'esclaves.
Malgré la permanence des images sexistes dans la pub, les médias (télé, radio) ont intégré beaucoup de femmes dans leurs émissions, chez les journalistes et les présentateurs, même TF1 a une femme comme directrice de l'information. On voit les deux, en fait : d'un côté, on trouve par exemple l'émission *L'Île de la tentation*, avec des caricatures de femmes objets chez les starlettes, et d'un autre côté il y a une avancée, avec des intellectuelles – à moins que ce soit un effet de génération.

Une histoire de génération ou une histoire de milieu social ?

Peut-être ni l'une ni l'autre. Je pense à un ami de mon fils, dont le père, maghrébin, est employé municipal et la mère, française, travaille à la Poste – pas des gens riches, donc ; je n'ai jamais vu quelqu'un d'aussi intelligent et charmant, avec une conscience du monde, une finesse exempte de tout machisme.

Forcément, quelqu'un qui a eu accès à des livres depuis qu'il est petit, qui a reçu très tôt les outils pour réfléchir et se remettre en question s'en sortira mieux que quelqu'un vivant dans une cité. Il n'empêche qu'on rencontre des gens très intelligents dans les cités. Je ne veux pas faire de l'angélisme, mais ce ne sont pas des endroits aussi désespérants qu'on le croit, même si on n'aimerait pas y vivre parce que le cadre est moche, mais là-bas il y a aussi de vrais rapports humains, de l'entraide, il ne faut pas toujours donner la vedette aux trois ou quatre caïds qui font régner la terreur (même s'ils existent, hélas). Le milieu social joue plus en défaveur des filles que des garçons, sans aucun doute – dans certaines familles musulmanes, quand les filles doivent faire le lit de leurs frères, par exemple, ou qu'elles doivent leur obéir parce que ce sont des garçons... C'est trop facile de dire : « Là d'où on vient, c'est comme ça », c'est perpétuer certaines pratiques parce qu'on le veut bien (puisqu'on ne garde jamais toutes les traditions de son pays d'origine). Dans la plupart des traditions, la femme est une esclave, mais les traditions ne sont pas des lois de la nature, il faut s'en débarrasser !

La méthode d'asservissement dans les guerres, c'est le viol systématique...

Dans les choix que vous avez faits dans la vie, le fait que vous soyez une femme a-t-il été déterminant ?

Je ne sais pas, je ne me suis jamais posé la question. Avec mon compagnon, j'ai dû me battre pendant des années sur certaines choses. Faire la vaisselle, encore, il l'a assez vite accepté... Mais, par exemple, il a longtemps défendu sa liberté de rentrer à pas d'heure sans prévenir. En fait, c'est une façon d'empiéter sur ma liberté : « Moi je rentre à la maison, je prépare à dîner, je t'attends et tu ne rentres pas, et je n'ai pas de tes nouvelles et je n'ai aucun moyen de te joindre. Tu me places dans une situation de dépendance et d'attente. En plus, tu sais que moi je n'agirais jamais comme ça. Et tu justifies ça en m'accusant de vouloir te contrôler... » Or beaucoup d'hommes réagissent de cette façon, alors que prévenir, c'est de la courtoisie pure et simple.

Quand avez-vous voulu avoir un enfant ?

Au début je n'en voulais pas, ça ne m'intéressait pas, je considérais la maternité comme un esclavage. Puis j'ai dû avoir la crise de la trentaine, et je me suis rendu compte que j'avais envie de faire l'expérience. La pédagogie m'intéresse énormément, j'ai lu beaucoup sur le sujet. Avoir un enfant, c'était me confronter à ça aussi ; et puis en faire quelqu'un d'autonome, qui réfléchit, qui respecte les femmes.

Si ça avait été une fille, notre relation aurait été plus conflictuelle, sans doute. Les enjeux sont plus forts. Je n'aurais pas supporté qu'elle ne pense qu'à ses fringues, j'aurais été encore plus intransigeante avec elle qu'avec mon fils sur certaines valeurs qui me tiennent à cœur. On s'identifie plus à sa fille en tant que femme, et j'aurais plus mal vécu des choix qui auraient été contraires aux miens. À l'inverse de certains parents qui veulent que leur fille soit « féminine », j'aurais poussé trop dans la profondeur. Jusqu'à récemment, je rejetais la parure comme frivole ; j'ai fini par comprendre que c'est plus compliqué (mon fils est « gothique »), qu'on a besoin d'en passer par là, par cette recherche sur l'apparence, le corps, pour notre développement personnel. Mais je ne sais pas si je l'aurais compris à temps pour ne pas casser les pieds à ma fille si elle avait été préoccupée par ça.

Dans aucune situation, vous ne vous êtes dit : « Ça aurait été plus facile si j'avais été un homme » ?

Je me suis toujours interdit de penser comme ça. Il ne faut pas que le fait d'être une femme soit prétexte à faiblesse et renoncement. Et je n'ai jamais eu envie d'avoir le pouvoir. Donc je n'ai pas été en concurrence avec les hommes là-dessus.

Je n'aimerais pas être un homme. J'ai l'impression d'être plus sensible à plus de choses, d'être plus efficace – c'est un conditionnement qui remonte à loin ! J'ai l'impression qu'on est plus capables d'analyser notre vie et de remédier à ce qui ne va pas.

Et puis il y a tant de choses que j'aime dans le fait d'être une femme : la complicité que j'ai avec mes amies, je n'ai pas l'impression qu'elle soit de la même qualité entre hommes. Il manque certaines choses fines. On peut ne pas se parler sans que ce soit gênant, alors que les hommes ont plus de mal à faire ça. On n'a pas développé le même genre de sociabilité, c'est une histoire d'éducation : les garçons au football et les filles à la maison...

J'ai été féministe, mais j'ai arrêté parce que je me suis rendu compte que les leaders femmes reproduisaient le schéma masculin : « Va faire ci, va faire ça », et on n'osait même pas parler, et si on n'était pas d'accord, on se faisait remettre à sa place. Non, c'était l'horreur. Mais j'aime toujours lire des livres de femmes, sur les femmes. C'est une lutte de tous les jours, de chaque moment de la vie quotidienne, pour avancer et faire avancer les autres. Rien n'est jamais gagné, il ne faut jamais baisser la garde.

Dossier

1

La fabrique scientifique des filles

Comment fabrique-t-on un cerveau de femme ?

On a souvent invoqué la science pour « prouver » la supériorité de l'homme sur la femme (ou celle de l'homme blanc sur l'homme noir) : au XIXe siècle, pour ne prendre que cet exemple, les neurobiologistes prétendaient que le cerveau de la femme était plus petit que celui de l'homme, donc que ce dernier était plus intelligent. Or on savait déjà, par des rapports d'autopsie menés sur des individus très différents, que la taille du cerveau ne déterminait en rien les qualités intellectuelles de son possesseur : mais ces neurologues (qui étaient tous des hommes et des Blancs) voulaient justifier par des « preuves » scientifiques la domination de l'homme sur la femme, ou du Blanc sur le Noir, domination qui existait dans la société pour des raisons historiques et qui était tout à leur avantage. Ces allégations provoquent le sourire ou l'indignation, tellement elles paraissent grossières et de parti pris. Pourtant, dès qu'une étude « scientifique » à peine aboutie semble conclure que certaines différences de comportements entre les hommes et les femmes sont inscrites dans le cerveau, tous les médias la publient. La neurobiologiste Catherine Vidal, dans son livre *Hommes, femmes, avons-nous le même cerveau ?*, relève que toutes les prétendues « révélations scientifiques » des années 1980 – comme le fait que les femmes soient plus douées pour la parole parce qu'elles mobilisent leurs deux hémisphères cérébraux, alors que les hommes n'en mobilisent qu'un seul, ou que le faisceau de fibres qui relient les deux hémisphères du cerveau est plus étendu chez la femme que chez l'homme, ce qui expliquerait l'aptitude féminine à accomplir plusieurs tâches en même temps – ont été démenties quelques années plus tard par des études plus longues, plus sérieuses et conduites sur un beaucoup plus grand nombre de sujets. Or ces études, plus récentes, très peu de médias en ont parlé !

Le cerveau « plastique »

Catherine Vidal montre que le cerveau est « plastique » : à la naissance, 90 % des connexions entre les neurones (les synapses) ne sont pas encore construites et vont se faire progressivement : « Grâce aux nouvelles technologies d'imagerie cérébrale, comme l'IRM, on peut désormais "voir" le cerveau se modifier en fonction de l'apprentissage ou de l'expérience vécue. » Elle cite notamment l'exemple de musiciens professionnels ou d'étudiants dont on a pu, par l'IRM, observer les modifications du cortex cérébral résultant de leur activité. À ce titre, chaque individu, quel que soit son sexe, développe ses propres synapses en fonction de son vécu. Il y aura donc plus de différences entre deux hommes, mettons un pianiste et un footballeur, qu'entre un homme et une femme qui ont exercé depuis vingt ans le même métier de chauffeur de taxi.

On peut ainsi expliquer par l'éducation des différences de perception de l'espace entre hommes et femmes : les garçons apprennent très jeunes à maîtriser l'espace parce qu'on leur accorde généralement plus de liberté de mouvement qu'aux filles et qu'on les oriente vers des jeux très actifs où l'on « occupe le terrain », comme au football. Les petites filles, en revanche, sont plutôt incitées à rester à la maison et à jouer à des jeux calmes, à « communiquer » (selon l'idée reçue que les filles sont plus attentives et ouvertes aux autres). Ainsi, dès l'enfance, des compétences différentes se développent pour les uns et les autres, et cela en raison des idées toutes faites sur les compétences des sexes. C'est bien un cercle vicieux : parce que les filles sont censées être plus sensibles et sociables, on les conditionne à l'être, et parce que les garçons sont censés être plus dégourdis, on fait tout pour qu'ils le deviennent.

Mais si ce type d'apprentissage est susceptible d'agir sur le développement du cerveau, il n'est pas irréversible : des expériences ont montré que, si l'on entraîne des hommes et des femmes à se repérer dans l'espace, ces différences de perception finissent à la longue par disparaître. D'ailleurs, le fait que les femmes soient de plus en plus intégrées dans les milieux socioprofessionnels autrefois réservés aux hommes y contribue.

Ainsi, les différences que l'on constate entre les individus ou les sexes ne signifient pas qu'elles sont inscrites dans le cerveau depuis la naissance, ni qu'elles y resteront. Cela dément aussi les thèses d'inspiration évolutionniste du type : parce que, du temps de l'homme des cavernes, les hommes chassaient le mammouth, alors que les femmes restaient dans la caverne à s'occuper des enfants, les premiers s'orienteraient mieux que les secondes… Outre que cette thèse a été démentie par de nombreux ethnologues (les femmes devaient parcourir autant de distance que les hommes[1]), elle ne tient pas face à la réalité de la plasticité du cerveau humain. Quel est l'enjeu ? Si l'on dit que, par nature (ou par une très lente évolution génétique), l'homme est plus apte qu'une femme à s'orienter dans l'espace, cela devient une fatalité. Car les lois de la nature sont en principe immuables : les choses sont ainsi depuis les origines et on ne peut rien y changer. Et, de ce fait, on justifiera le confinement des femmes à la maison et aux tâches domestiques. Si,

1. Voir plus loin : Entretien avec Françoise Héritier, p. 221.

au contraire, on fait le constat que les différences entre garçons et filles, entre hommes et femmes sont le résultat d'un conditionnement culturel, d'une éducation, la fatalité disparaît, car on peut toujours influer sur une éducation.

Les hormones et les gènes dictent-ils nos comportements ?

Les hormones, mâles ou femelles, sont souvent invoquées pour expliquer des différences de comportement entre les deux sexes. La testostérone expliquerait l'agressivité et l'esprit de compétition chez les hommes ; les règles et les grossesses rendraient les femmes plus émotives, plus fragiles, voire d'une grande instabilité nerveuse (ce qui les rendrait incapables d'étudier, disait-on au XIXe siècle).
Or ces considérations n'ont rien de scientifique : d'après Catherine Vidal, on n'a pas décelé à ce jour de plus forts taux de testostérone chez les hommes ayant commis des agressions sexuelles. Certes, les grossesses, la ménopause ou des traitements hormonaux à haute dose (pour traiter la stérilité ou certains cancers) peuvent engendrer des troubles chez certaines femmes en raison d'une production très importante d'hormones ; mais, dans des conditions physiologiques normales, aucune étude scientifique n'a pu démontrer de lien direct entre les hormones sexuelles et l'humeur.
Les neurones du cortex humain sont différents de ceux des animaux en ce qu'ils comportent très peu de récepteurs

hormonaux – ceux-ci se concentrent davantage dans l'hypothalamus, « spécialisé » dans le contrôle des fonctions de reproduction. Si les hormones de l'être humain permettent le fonctionnement de ses organes sexuels, elles ne déterminent ni le moment du désir sexuel ni le choix du partenaire contrairement aux animaux, où la période du rut est liée à celle de la fécondité. De fait, il n'existe pas d'anomalie hormonale chez les homosexuels qui expliquerait leur attirance sexuelle pour quelqu'un avec qui l'union sera forcément stérile. Catherine Vidal démontre que les gènes et les hormones[1] participent effectivement au développement du cerveau mais ont une très faible incidence sur les comportements humains. Pour elle, « le succès de ces théories simplistes, qui expliquent tous nos comportements par la biologie, tient au fait qu'elles sont finalement rassurantes. Elles nous donnent l'illusion de comprendre et de nous sentir moins responsables de nos actes ».

Il faut donc bien faire la différence entre le sexe biologique, d'une part, et le « genre », d'autre part, c'est-à-dire l'identité sexuelle construite en fonction des représentations sociales et variable selon les cultures et les époques.

L'instinct maternel existe-t-il ?

Selon la définition du *Petit Robert*, « l'instinct est une tendance innée et puissante, commune à tous les êtres vivants

---

1. Voir aussi : Entretien avec Françoise Héritier, p. 226-228.

ou à tous les individus d'une même espèce». Si les femmes avaient l'instinct maternel, elles devraient toutes connaître le besoin irrépressible d'enfanter. Or certaines femmes choisissent de ne pas avoir d'enfants, non parce qu'elles sont trop seules, trop occupées ou trop pauvres (même si ces cas-là existent), mais parce qu'elles n'en ont simplement pas envie. Elles ne l'avouent pas facilement car, même dans les pays dits développés, une femme sans enfant, alors qu'elle n'est pas stérile, est considérée comme égoïste, voire «dénaturée», alors que les hommes ne sont jamais stigmatisés de cette façon.

La pilule contraceptive et l'avortement pousseraient-ils la femme «moderne» à adopter un comportement individualiste en refusant de procréer? L'histoire montre que beaucoup de femmes, quels que soient l'époque et le milieu social, ont cherché à avorter, au risque de leur vie, ou ont eu recours à des techniques contraceptives parfois fantaisistes et la plupart du temps peu efficaces: depuis le *coitus interruptus* (où l'homme doit se retirer avant l'éjaculation) jusqu'à la méthode Oginot (où la prise régulière de la température doit indiquer la période de fécondité chez une femme). Si ces pratiques étaient combattues malgré leur échec fréquent, c'est parce que les femmes étaient censées faire des enfants pour fournir à l'État des soldats et des paysans[1].

---

1. Voir Yannick Ripa, «L'instinct maternel n'existe pas», in *Les Femmes*, Le Cavalier bleu, coll. «Idées reçues», 2002.

Dans son étude *L'Amour en plus*, Élisabeth Badinter montre que, à l'époque où la médecine n'était pas en mesure d'endiguer la très importante mortalité infantile (XVIIIe-XIXe siècle), la plupart des femmes, quelle que soit leur origine sociale, confiaient à une lointaine nourrice des nourrissons qu'elles ne voyaient pratiquement jamais et dont la moitié mouraient avant l'âge de cinq ans. Allaiter était jugé vulgaire, voire voluptueux (par l'Église), et l'enfant n'avait bien souvent de valeur qu'en tant que futur adulte. C'est avec l'influence du philosophe Jean-Jacques Rousseau, dont l'ouvrage *Émile ou De l'éducation* paraît en 1762, que peu à peu la présence constante d'une mère aimante auprès de son enfant va s'imposer. Par la suite, tout un courant moraliste poussera les femmes à allaiter et éduquer elles-mêmes leurs enfants, et à leur sacrifier la majeure partie de leur temps.

Certes, les enfants s'épanouissent mieux s'ils reçoivent des soins et de l'amour. Mais de quel amour parle-t-on ? Celui d'une mère qui se dévoue corps et âme à ses enfants ne risque-t-il pas d'être pesant, car souvent chargé de toutes sortes de frustrations ? Et l'amour du père n'est-il pas aussi nécessaire pour l'enfant ?

Et surtout, pourquoi faudrait-il tant d'efforts pour expliquer aux mères la façon d'aimer et de prendre soin de leurs enfants s'il existait un instinct maternel ? Pourquoi tant de livres de pédagogie seraient-ils publiés à leur intention si l'amour maternel, tels l'amour paternel ou tout autre amour, était autre chose qu'une construction culturelle, un sentiment qui s'élabore en société ?

II

La fabrique familiale des filles

Comment un bébé est-il perçu par des adultes ?

Des tests conduits auprès d'étudiants de facultés américaines[1] ont montré combien la représentation que l'on a d'un enfant est déterminée par ce que l'on sait de son sexe. On a montré à un groupe composé d'hommes et de femmes la photo d'un bébé en train de crier la bouche grande ouverte, et on leur a demandé d'interpréter le comportement de ce petit garçon. La réponse unanime a été : « C'est un petit mâle en colère, quelque chose lui a déplu. » La même photo

1. Cité par Marie Duru-Bellat dans *L'École des filles. Quelle formation pour quels rôles sociaux ?*, L'Harmattan, 2004, et par Françoise Héritier dans *La différence des sexes explique-t-elle leur inégalité ?*, Bayard, 2010.

du même bébé a été ensuite montrée à un autre groupe, sauf que cette fois le bébé a été présenté comme une petite fille. « Elle pleure parce qu'elle veut qu'on s'occupe d'elle » ou « parce qu'elle a peur », a-t-on répondu dans ce groupe.
Le garçon est forcément agressif et revendicatif ; la fille est fragile, peureuse et dépendante : telle est la représentation que l'on se fait spontanément d'un bébé fille ou garçon à partir d'une simple image...
Ce type de réactions peut se retrouver chez les parents (ou les proches), qui vont interpréter le comportement de leur enfant en fonction des idées qu'ils se font de son sexe plus que de sa conduite réelle. Malgré l'évolution des mentalités, ils vont lui attribuer des goûts avant même qu'il en ait, encouragés en cela par un marketing qui sait très bien jouer sur les stéréotypes ; par exemple, le rose et le bleu continuent de distinguer les sexes dans les vêtements, les jeux, la décoration de la chambre. Avant même d'être né, l'enfant est censé se couler dans un moule.

Comment des adultes sont-ils perçus par un bébé ?

Les enfants prennent très vite conscience de ce que l'on attend d'eux. Dès un ou deux ans, ils savent distinguer si un individu est de leur sexe ou non, de même qu'ils détectent les « attributs » de chaque sexe (voix, vêtements, occupations). Or, d'après les psychologues, dès cet âge, un enfant s'identifie à une personne de son sexe. Et il comprend très vite que, pour répondre à l'attente de ses parents, il doit adopter les jeux qu'on lui propose et cherche à imiter son père si c'est un garçon, sa mère si c'est une fille[1]. Cela explique en partie la reproduction des stéréotypes, facilitée par la société de consommation des jeux : une fille joue d'autant plus facilement à des jeux « ménagers » si elle voit sa mère prendre en charge la plupart des tâches ménagères ; et même si ce n'est pas le cas, le rayon « imitation de la maman » au supermarché, avec ses mini-aspirateurs ou ses mini-fers à repasser, est une invitation à se couler dans le moule que propose la société.

En effet, le partage des tâches domestiques, qui devait accompagner l'entrée massive des femmes dans le monde du travail salarié dans les années 1960-1970, est encore loin d'être respecté. Bien que l'égalité entre les sexes soit désormais prônée par beaucoup de femmes et d'hommes en France, le passage de la théorie à la pratique est encore bien souvent loin d'être évident. En 1999[2], les femmes ayant un travail salarié consacrent deux fois plus de temps aux tâches ménagères que les hommes (31 heures en moyenne

1. Voir Stéphane Barbu et Gaïd Le Maner-Idrissi, « À quoi jouent les petits garçons et les petites filles ? », *in* Françoise Héritier (dir.), *Hommes, femmes, la construction de la différence*, Le Pommier - Cité des sciences et de l'industrie, coll. « Le collège de la cité », 2005.

2. L'Enquête Emploi du temps 2009-2010 de l'Insee ne sera hélas disponible qu'après la parution du présent livre. Pour ceux et celles qui veulent suivre une évolution éventuelle, voir le site www.insee.fr, début 2011.

par semaine, contre 15 heures). La différence s'accroît lorsque le couple a des enfants (dont un de moins de 3 ans) : le travail domestique des femmes est de 46,7 heures par semaine, celui des hommes de 18,1 heures (soit une heure de plus depuis 1986, ce qui est un faible progrès). De plus, même si les « nouveaux pères » s'occupent plus de leurs bébés qu'autrefois, ils laissent à la mère les tâches fastidieuses (stérilisation des biberons, repassage des vêtements de bébé, intendance...).

Des valeurs différentes

Nombre de parents stimulent plus les garçons sur les plans physique et moteur, sont plus sévères avec eux quand ils échouent ou font une bêtise, ce qui donne à ceux-ci l'impression que la réussite est leur meilleur atout. Les filles, elles, sont d'abord valorisées par leur capacité à séduire : alors même qu'elles sont toutes petites, on les encourage davantage à sourire, échanger, gazouiller, comme si la « conversation » était leur marque de fabrique avant même qu'elles puissent parler[1].

La compétition est une valeur considérée comme positive dans l'éducation des garçons, tandis qu'on enseigne plutôt aux filles les valeurs de tolérance et de solidarité. Les premiers ont appris que les résultats s'obtenaient par les efforts,

---

1. Pour l'ensemble de ce chapitre, voir Marie Duru-Bellat, *L'École des filles, op. cit.*

les secondes pensent que, si elles ne réussissent pas, c'est par inaptitude. De même, à travers la compétition, les garçons ont appris à s'évaluer selon leurs propres critères, alors que les filles sont plus soumises aux approbations extérieures. Les rôles sociaux sont distribués selon ces idées reçues : les garçons ont besoin de se dépenser et de rivaliser, et apprennent à « se débrouiller » par eux-mêmes pour acquérir confiance dans leur corps, maîtrise de l'espace, pouvoir de domination… Les filles, plus enclines au consensus et à l'écoute, deviennent des « médiateurs » au sein de la famille, comme plus tard dans l'école ou en dehors, et sont incitées à user de douceur ou de séduction pour trouver leur place dans la société.

Bien sûr, ces formes d'éducation sont loin d'être systématiques. On trouve de fortes variations selon les milieux sociaux et même à l'intérieur de ceux-ci. Par exemple, c'est dans certains contextes que les filles sont davantage maintenues à la maison. Certaines, pour acquérir une autonomie, n'ont pas les moyens d'avoir une voiture ou même de prendre les transports en commun. Cette réalité est encore plus flagrante dans les milieux populaires d'origine maghrébine ou turque, où tous les membres masculins de la famille (frères et cousins compris) exercent une surveillance très forte. Les filles de milieux populaires scolarisées dans le technique et vivant à la campagne sortent beaucoup moins que les garçons et sont nettement plus repliées sur l'univers domestique car les lieux de sorties sont rares, éloignés, et certaines activités sont considérées comme uniquement masculines. De même, la lecture y est plus favorisée chez les filles que chez les garçons, car elle permet, entre autres activités, de maintenir ces dernières à la maison.

La bonne tenue

Si le confinement des filles à la maison est variable, il y a celui qui s'impose implicitement, même hors de chez elles : confinement dans les gestes (ne pas se tenir jambes écartées, rester droites et rentrer le ventre…), mais aussi dans les paroles (ne pas rire fort, ne pas dire des grossièretés…). Le confinement se perpétue dans le vêtement. Il arrive de plus en plus fréquemment d'habiller les petites filles de façon sexy. Sans doute est-ce là une manière de les habituer aux positions inconfortables car, plus tard, jupes étroites ou courtes, vêtements très décolletés, talons hauts obligent les femmes à mesurer leurs gestes. Plus qu'une histoire de dévoilement, être « sexy » est une entrave – d'abord vestimentaire, puis psychologique – aux mouvements des femmes, qui les désigne comme corps uniquement dévolus et disponibles au plaisir masculin.

Elles sont ainsi transformées en choses fragiles et dépendantes, infantilisées, et se retrouvent sous la dépendance d'un homme qui, sous couvert d'un comportement « chevaleresque », les met à l'écart de tout contact avec les aspects du « monde réel », qu'elles ne sont pas censées affronter[1].

---

1. Pierre Bourdieu, *La Domination masculine*, Seuil, 2002, p. 46-47.

Pôle négatif, pôle positif

Comme on le voit, dans le processus de fabrication des filles et des garçons, beaucoup de choses échappent aux parents, et il ne faut pas les stigmatiser. La plupart sont animés des meilleures intentions – le bonheur de leurs enfants – et ne sont pas forcément conscients des *a priori* qu'ils nourrissent et transmettent, ou de leurs conséquences sur la construction de la personnalité de ces enfants. Souvent, au contraire, ils veulent les préparer à leur futur rôle social masculin ou féminin. En outre, de multiples influences extérieures entrent en jeu, relayées par les autres enfants et les adultes, les jeux, l'école, les médias, etc.

Mais en quoi une telle éducation sexiste est-elle négative ? Les « spécificités » attribuées aux garçons (force, courage, ambition) sont de vraies qualités, positives, alors que celles attribuées aux filles (délicatesse, émotivité, coquetterie) ne sont jamais que des « manières ». Être un « garçon manqué » pour une fille est mieux vu qu'être efféminé pour un garçon (être délicat, sensible, doux et calme, aimer les vêtements, les jeux ou les sports de filles, etc.), ce qui montre bien que le « féminin » n'est pas marqué de manière très positive[1]. On peut même constater que certaines activités sont jugées nobles ou insignifiantes selon qui les pratique : les fonctions de cuisinière ou couturière prennent de la valeur dès lors qu'un homme en fait son métier ; on parle alors de « grand »

---

1. Voir plus loin : Entretien avec Françoise Héritier, p. 216.

cuisinier ou de « grand » couturier, comme si, en passant au masculin, la fonction recevait la « touche de génie » inhérente à l'homme.

Ces éducations différenciées ne sont pas sans conséquences. Le fait que les garçons se confrontent plus fréquemment à l'environnement physique et à la compétition leur donne une confiance en eux qui va souvent manquer aux filles dans la construction de leur personnalité et leurs choix de vie. Mais durant la période adolescente, filles et garçons peuvent être lourdement affectés par les modèles imposés : alors que les garçons, pour affirmer leur virilité, vont multiplier les prises de risques, les filles auront tendance à se replier sur elles-mêmes, à développer des complexes voire des anorexies liés aux exigences publicitaires d'un corps mince et parfait, ou encore des états dépressifs au point de prendre des antidépresseurs[1].

---

1. Voir Marie Choquet, Sylvie Ledoux, *Adolescents. Enquête nationale*, Éditions de l'Inserm, 1994.

III

La fabrique médiatique des filles

Le développement extraordinaire des médias de masse depuis deux ou trois décennies touche particulièrement les enfants et les adolescents.

Les « réducteurs de filles » dans la publicité

La publicité, la télévision ou Internet abattent les frontières entre les générations, brouillent les repères attribués à chaque tranche d'âge. « Or le système de la consommation fait son miel de ces confusions, qui permettent de jouer sur les clins d'œil entre les générations et de décliner chaque produit standard en autant de formules adaptées[1]. » Les

1. Monique Dagnaud, *Enfants, Consommation et publicité télévisée*, Armand Colin, coll. « 128 Sociologie », 2007.

publicités pour les produits dédiés à la femme de la petite enfance à l'âge adulte présentent une continuité parfaite, depuis les jeux d'imitation maternelle déjà évoqués jusqu'à celles pour l'électroménager et la beauté. Ainsi, les jeunes filles sont touchées à la fois par la pub qui s'adresse à elles et par celle qui s'adresse aux femmes adultes. Or l'univers de la publicité grossit encore l'effet de stéréotype sur les genres. Même si les filles apprennent à l'école ou à la maison les mots et les valeurs d'un discours égalitaire entre les sexes, elles en découvrent vite la superficialité en voyant l'image que les médias donnent des femmes. La publicité sexiste, pourtant dénoncée depuis les années 1970, se distingue toujours par ses plaisanteries douteuses : en 2010, les affiches d'une célèbre marque de vente par correspondance portent comme slogan : « Notre point G, il est dans la penderie » (le point G est censé être le centre du plaisir sexuel féminin). Ce slogan, associant shopping et plaisir sexuel en une même obsession féminine, illustre le cliché de la femme considérée comme être totalement frivole ou même préférant la mode au sexe… Alors que le corps masculin dans la publicité est toujours athlétique, actif, nerveux, prêt à se jeter dans la « jungle » quotidienne du monde moderne, celui de la femme est lié à l'érotisme, la délicatesse, la finesse. Dans le film *La Domination masculine*, de Patric Jean (2009), un technicien de PAO explique qu'il doit diminuer les mains ou les pieds du mannequin sur la photo qu'il retouche pour qu'elle ait l'air plus « féminine ». Outre le cou qu'il rallonge, les seins qu'il redessine pour qu'ils correspondent au modelé

parfait des mannequins en plastique servant de support aux vêtements dans les vitrines, il ne cesse de réduire la courbe de la cuisse, du dos, du bras, de l'épaule de la jeune femme sur la photo, au point que celle-ci diminue d'un bon tiers entre le début et la fin de l'opération, et, surtout, ne correspond plus à un physique vraiment existant !
Généralement, ce qui est un défaut chez un homme – la petitesse de certaines parties du corps, comme le nez, les mains – est au contraire souligné comme une qualité chez une femme. Cela illustre bien la construction de la « fragilité » féminine, qui impliquerait que les femmes aient besoin d'un homme plus grand et « protecteur ».

Télé déréalisée

En 2004, 30 % des enfants possédaient un poste de télévision personnel. Selon les statistiques, les filles regardent plus la télé que les garçons (+ 5 %, différence qui s'accroît à l'adolescence), notamment parce qu'elles passent en moyenne plus de temps qu'eux à la maison ; ce qu'elles y voient est un support important de leurs conversations à l'école. Les émissions de téléréalité, de variétés (comme la *Star Academy* sur TF1, *La Nouvelle Star* ou *Popstars* sur M6) ont la faveur des plus jeunes, qui, comme le montre Catherine Monnot[1], cherchent à imiter les vêtements, le

1. Lire son livre *Petites filles d'aujourd'hui*, et plus loin : Entretien avec Catherine Monnot, p. 147.

maquillage, les postures et les figures de danse des chanteuses qu'elles écoutent. Ces nouveaux modèles télévisés détrônent très vite, au moins partiellement, la figure de la mère : il faut leur ressembler pour arriver à être soi. Or ces stars, malgré certaines chansons et attitudes revendicatrices – en référence au *girl power*, un mouvement américain apparu dans les années 1990 et qui prônait le « pouvoir des filles » –, affichent toujours, par leur tenue sexy et leurs formes parfaites, le modèle physique auquel il faut se conformer par tous les moyens (diététiques ou autres). Leurs chansons continuent de prôner l'amour comme suprême ambition féminine, et leurs discours se révèlent bien conventionnels : la maternité est l'accomplissement de la femme ; une femme qui ne sacrifie pas sa carrière et ses ambitions à son amour ou à ses enfants a le cœur sec.

Quant aux autres stars de la chanson présentées à la télé (clips musicaux notamment...), ce sont le plus souvent des stéréotypes d'hommes et de femmes hypersexualisés, proches des standards du porno et capables de complexer autant les garçons que les filles : des mâles aux muscles surdéveloppés, devant lesquels se trémoussent des filles siliconées en extase, aussi soumises que peu vêtues. Cette façon de présenter la séduction ou la sexualité comme des rapports de domination-soumission risque d'en faire l'exemple à suivre[1]. Bien sûr, rien n'oblige quiconque à adhérer à ces images, mais il est difficile de s'en abstraire, car elles sont

1. Lire plus loin : Entretien avec Christine Bard, p.180-182.

omniprésentes. Selon une étude américaine, 1 % des sites Web sont des sites pornographiques, qui génèrent environ 45 % des flux[1] ! On regarde de la pornographie sur Internet de plus en plus jeune, et à égalité désormais : presque autant de femmes que d'hommes consultent ces sites.

De plus, dès 7-8 ans et jusqu'à la fin de l'adolescence, la pression du groupe et le besoin d'intégration tendent à faire oublier le sens critique ; on a peur d'être rejeté par les autres si on n'adopte pas les goûts et les valeurs de référence. Cette pression est même beaucoup plus forte que la pression parentale : « L'autorité d'un groupe, fût-ce un groupe d'enfants, est toujours plus forte et beaucoup plus tyrannique que celle d'un individu, si sévère soit-il[2]. »

La presse

Dès la préadolescence et encore plus à l'adolescence, la plupart des journaux qui s'adressent aux filles ressemblent à une simple déclinaison des magazines féminins adultes, avec tous les sujets qui sont censés plaire à la femme stéréotype : beauté, mode, cuisine, lecture, tourisme, amour, stars, tests, horoscope, etc. Il est difficile de les citer tous,

---

1. Dick Thornburgh et Herbert S. Lin (ed.), *Youth, Pornography and the Internet*, National Academies Press, 2002 ; Threvor Hayes, « Online Sex Sells at Internet, *Las Vegas Review Journal*, www.reviewjournal.com/lvrj_home/2001/Jan-06Sat2001/business/15174717.html.
2. Dominique Pasquier, *Cultures lycéennes. La tyrannie de la majorité*, Autrement, 2005.

encore moins de préciser leurs spécificités ou la tranche d'âge – très fluctuante – qui les lit : *Salut*, *Dream Up*, *Fan 2*, *Miss* (*Star Club*), *Lolie*, *Girls*, *Jeune et Jolie*, etc. Pour se dédouaner de leur conformisme général, ils proposent parfois un dossier « sérieux », censé apporter une information sociale ou politique.

Et quand ils abordent les questions d'avenir dans ce type de dossiers, ils n'incitent pas toujours leurs lectrices à l'ambition professionnelle. Comme le relève Corinne Destal dans une étude (non exhaustive) sur ces magazines[1] : « La difficulté des études supérieures est mise en avant. Celles-ci seront réservées aux ambitieuses, combatives, courageuses, bosseuses… En somme, le choix des études longues n'est pas posé comme allant de soi, il se révélerait plutôt comme le choix d'un itinéraire d'exception. Or cet esprit de combativité ou d'ambition trouve un faire-valoir dans la presse pour adolescentes uniquement dans le domaine des relations amoureuses, et non dans celui de la vie professionnelle. »

Certes, on peut relever des nuances entre *Girls*, qui présente dans des fiches détachables les métiers les plus « traditionnellement » féminins, comme secrétaire médicale, assistante maternelle, auxiliaire de santé animale, technicienne, et *Jeune et Jolie* (n° 211, « La roue du destin vous dit tout »), qui ne jure que par la communication et les arts, ou encore

---

1. Corinne Destal, *Analyse des stéréotypes féminins dans la presse fillette et adolescente* (www.womenandmedia-europ. Org/Francia/Corinne_Destal/sommario.doc).

Lolie, qui propose de s'orienter en fonction de son jour de naissance (n° 28, dossier « Numérologie »). Mais on y trouve de façon générale le message suivant : les études doivent conduire les filles à un emploi sans grandes responsabilités pour qu'elles puissent assumer leur rôle de femme et de mère, au détriment de métiers de cadres ou scientifiques, parce qu'ils sont censés empiéter sur le temps à consacrer à leur future famille.

Or la puberté s'accompagne déjà d'une dévalorisation de soi qui pousse les jeunes filles à abandonner certaines ambitions, même si les statistiques officielles de l'Éducation nationale prouvent que leurs résultats scolaires sont meilleurs que ceux des garçons. Les journaux, en les renvoyant à l'idée qu'elles trouveront l'épanouissement non pas à travers la compétition scolaire et professionnelle, mais à travers un corps obéissant aux normes de la mode, un compagnon et des enfants, les confortent donc dans ce défaitisme.

Elles se retrouvent ainsi en position de dépendance, poussées à exister « d'abord par et pour le regard des autres, c'est-à-dire en tant qu'objets accueillants, attrayants, disponibles. On attend d'elles qu'elles soient "féminines", c'est-à-dire souriantes, sympathiques, attentionnées, soumises, discrètes, retenues, voire effacées. Et la prétendue "féminité" n'est souvent pas autre chose qu'une forme de complaisance à l'égard des attentes masculines, réelles ou supposées[1] ».

---

1. Pierre Bourdieu, *La Domination masculine*, *op. cit.*, p. 94.

Les livres pour enfants

On voit aujourd'hui cohabiter toutes sortes de livres, des plus sexistes (sous prétexte de rééditer des classiques) aux plus iconoclastes. Parmi les ouvrages et manuels scolaires destinés aux moins de 10 ans, même si une évolution dans le sens de l'égalité s'est opérée depuis une trentaine d'années, les filles sont souvent représentées dans un rôle plus passif que les garçons, à l'intérieur de la maison, en train de materner un petit frère ou une petite sœur, alors que les garçons se livrent dehors à une activité sportive ou à des facéties diverses avec des copains.

Les femmes continuent d'être montrées de manière très stéréotypée et peu variée (si elles ont un métier, c'est la plupart du temps enseignante, éducatrice ou infirmière) en comparaison des hommes. Même à la maison, les rôles impartis aux deux sexes diffèrent. « Le père est davantage mis en scène dans des activités récréatives avec l'enfant (jeux, sports, lire un livre), alors que la mère est plus représentée dans des activités relevant des devoirs parentaux (surveiller les devoirs scolaires, donner le bain) ou dans l'exercice des tâches domestiques[1]. »

Comme, à partir de 8-10 ans, les filles lisent plus que les garçons, certains grands groupes d'édition vont en faire la

---

1. Anne Dafflon Novelle, « Sexisme dans la littérature enfantine. Quels effets pour le développement des enfants ? », www.cemea.asso.fr.

cible privilégiée d'une littérature de gare – romans d'amour, histoires de copines et de chevaux, de danse classique, etc. –, dont la vocation évidente n'est pas d'ouvrir de nouveaux horizons, et qui est généralement constituée de traductions de séries ayant remporté du succès aux États-Unis. Les dernières séries à avoir connu un immense succès, Harry Potter et Twilight, n'échappent pas à la règle : bien qu'écrites par des femmes, ces séries sont d'abord centrées sur un héros masculin ; les filles ou femmes, même si elles jouent un rôle central, sont « en second ». On peut citer aussi le grand succès commercial, ces dernières années, des « Dicos des filles » que presque toutes les grandes maisons d'édition ont publiés et qui sont très souvent des condensés de stéréotypes.

Les nouveaux médias

D'après les chiffres de l'Insee, les jeunes entre 15 et 19 ans ont par rapport aux adultes une moindre consommation télévisuelle (15 heures par semaine en 2008 alors que la moyenne pour toute la population confondue est de 21 heures) car ils privilégient les nouveaux supports : DVD, jeux vidéo, ordinateurs. Mais là encore, la répartition ne se fait pas de la même manière : si les jeux vidéo attirent surtout les garçons, en 2005, 65 % des blogueurs étaient... des blogueuses[1].

1. Mathieu Paldacci, « Le blogueur à l'épreuve de son blog », *Réseaux* 2006/4, n° 138, p. 79.

Prenant le relais du journal intime, tradition féminine s'il en est depuis le XIXe siècle, les blogs de jeunes filles, bâtis sur une structure identique, que proposent des plates-formes comme Skyblog ou Teemix, finissent par refléter les aspirations censées être féminines : l'amitié, les garçons, la séduction, les animaux, la musique.

Quand elle est pratiquée, la version fille des jeux vidéo reprend les thèmes des jeux « traditionnels », proposant des jeux de rôle qui les ramènent encore à un stéréotype féminin : *Mets-toi dans la peau d'une serveuse de fast-food* ou *Nour est une mannequin qui participe à une séance photos au Salon de l'automobile*, ou *Maquille un garçon* (« Ce qui te permettra de changer un peu des jeux d'habillage ou de relooking où il faut toujours s'occuper des filles », avance l'argumentaire du catalogue en ligne).

Si certains jeux vidéo pour garçons sont violents et peuvent entraîner une addiction, ils présentent néanmoins certains avantages : ils améliorent la capacité à résoudre des problèmes, la coordination, la rapidité d'exécution et la mémoire, encouragent la coopération lorsqu'ils sont joués en équipe. De même, c'est dans les jeux traditionnels réservés aux garçons qu'on fait le plus appel à la réflexion, à la construction, au dépassement, à l'affrontement. Les filles perdent ainsi une nouvelle occasion de s'affirmer autrement que dans le domaine des apparences. Celles qui avouent aimer les jeux de garçon craignent d'ailleurs d'y perdre en séduction. Ainsi, on peut relever sur le forum Fluctuat.net : « J'ai 17 ans et depuis plusieurs années je joue aux jeux vidéo. J'ai toujours adoré, mais la plupart sont des jeux vidéo plutôt destinés aux garçons qu'aux filles, des jeux de voitures, combats, guerre, aventure… et tous je les finis, même des difficiles + 16-18 ans. Y a-t-il des filles dans mon cas et sinon ça ne repousse pas les garçons ? Je tiens à préciser que je ne suis pas masculine et que je plais beaucoup (sans me la jouer). »

Cette crainte se fonde sur le fait que, dans le secteur florissant du jeu de rôle en ligne, les joueurs, en France, sont à 90 % des hommes, âgés en moyenne de 19 ans et le plus souvent célibataires. Ce sont essentiellement des adolescents et des jeunes adultes. Ils sont à 65 % lycéens ou étudiants[1]. Même compétente, une fille dans cet univers se sent forcément décalée.

On aurait pu penser que la multiplication des images et des supports permettrait la diffusion d'une plus grande diversité de représentations, de modèles ou de rêves. Or il semblerait au contraire qu'ils renforcent une vision très stéréotypée des sexes et que, si leurs messages sont parfois contradictoires, ils ne s'annulent pas mais au contraire se cumulent pour imposer aux filles une image toujours plus contraignante : il faut être à la fois sage et sexy, drôle mais discrète, à la mode mais sans ostentation, battante mais réaliste…

---

1. D'après un article de Vincent Berry, « Immersion dans un monde virtuel : jeux vidéo, communautés et apprentissages », publié en ligne par l'Observatoire des mondes numériques en sciences humaines (www.omnsh.org).

IV

La fabrique scolaire des filles

Les petites filles modèles

En France, l'accès des filles à la même éducation que les garçons est récente : il faut attendre 1925 pour que les deux sexes aient les mêmes programmes. Auparavant, les filles étaient considérées comme inaptes à comprendre certaines matières ou de toute façon concernées avant tout par leur futur rôle de mère.
Malgré l'égalité de l'enseignement à partir de 1925, on hésitait à comparer les résultats des filles et des garçons puisqu'ils n'étudiaient pas ensemble. En outre, les filles étaient moins longtemps scolarisées, sous prétexte qu'elles n'auraient pas besoin de tout ce savoir.
Or, depuis l'école mixte des années 1960, puis avec la loi Haby qui l'a rendue obligatoire en 1975, toutes les études montrent

que les filles ont de meilleurs résultats scolaires que les garçons. Encore aujourd'hui, elles redoublent moins[1] et, entre 16 et 25 ans, sont plus nombreuses (52 %) que les garçons à fréquenter un établissement d'enseignement. En 2008-2009, elles étaient plus nombreuses en terminale, tant pour les bacs généraux (57,1 %) que pour les bacs technologiques (51,3 %), mais moins nombreuses aux bacs professionnels (42,7 %) ; en outre, 89 % de ces filles de terminale ont eu leur bac, contre 85,3 % des garçons. L'apprentissage, lui, intègre deux fois plus de garçons que de filles.

Cette supériorité féminine a été expliquée notamment par le rôle des mères qui, même quand elles travaillent, aident aux devoirs et communiqueraient à leurs filles une envie d'aller plus loin, de gravir des échelons, quand elles-mêmes se sont arrêtées pour se marier ou par manque d'opportunités. Mais l'idée reçue que les filles seraient, par leur « nature soumise », tout à fait adaptées au « métier d'élève » n'a pas tardé à remettre en question ces bons résultats. Obéissantes et appliquées, elles sont montrées comme passives, malléables et peu créatives. Il suffit de penser à ce que peut avoir de péjoratif l'expression « élève appliqué », qui désigne quelqu'un de sérieux mais d'un peu ennuyeux, manquant de personnalité et d'originalité…

1. Selon l'enquête Insee, « Avance ou retard des élèves scolarisés en classe de troisième ». D'après les chiffres du ministère de l'Éducation nationale, en 2008-2009, en classe de 3e, 66,8 % des filles sont à l'heure contre 59,4 % des garçons, 26,1 % ont un an de retard contre 32,8 % des garçons, 3,9 % ont deux ans de retard contre 4,6 % des garçons.

Le quotidien de la classe

Selon l'étude de Marie Duru-Bellat menée sur le long terme, les professeurs, hommes ou femmes, accordent plus de temps et d'attention aux garçons, en raison des problèmes de discipline qu'ils posent, et finissent par « s'y attacher plus, en tout cas à interagir avec eux de manière personnalisée[1] », alors que les filles sont davantage traitées et perçues comme un groupe. Les filles peuvent en conclure qu'elles sont moins intéressantes, que leur réussite est moins importante que celle des garçons puisqu'elles suscitent moins l'attention de leurs professeurs.
Pourtant, on apprécie les filles pour leur maturité, que l'on juge plus grande que chez les garçons de leur âge – une maturité qui est bien souvent le résultat d'une éducation où l'on sollicite leur qualité d'écoute, mais aussi leur sens des responsabilités pour s'occuper de la fratrie, de la maison, des courses, etc. De même, alors qu'on a moins appris aux garçons à dominer leur impulsivité – puisque celle-ci est considérée comme inhérente à l'être masculin –, il n'est pas étonnant que dès l'école primaire les filles soient plus attentives qu'eux. L'indiscipline et l'agressivité chez une fille sont d'ailleurs plus mal tolérées, comme si elles étaient contre nature. Les filles sont même utilisées clairement comme les « agents modérateurs » en cours, au point que, dans

---

1. Voir Marie Duru-Bellat, *L'École des filles*, *op. cit.*, p. 92, et Entretien avec Marie Duru-Bellat, p.193.

les classes presque uniquement composées de garçons, l'enseignement est souvent difficile en raison de problèmes de discipline.

Le sexe des maths

Il reste quelque chose de l'idée, chère au XIXe siècle, que les femmes n'ont pas assez l'esprit d'abstraction pour apprendre les mathématiques et les sciences (même si la chimie et la biologie sont considérées comme convenant aux filles parce qu'elles font appel à l'observation et sont plus dans le « concret »). Aujourd'hui encore, à résultats égaux, on continue à dire que les garçons sont meilleurs en maths et en sciences « dures » (physique, astronomie, ...), et que les filles sont plus littéraires et, après le bac, plus aptes aux sciences « molles », comme on appelle les sciences humaines (on retrouve là encore l'idée sous-jacente de « mollesse » associée au féminin). Or non seulement les principaux et principales intéressé(e)s finissent par le croire, mais ils/elles craignent même que, s'ils/elles montrent une franche aptitude ou un goût prononcé pour une matière prétendument réservée au sexe opposé, cela passe mal au niveau du groupe : un garçon qui aime les lettres risque de se faire traiter d'efféminé, une matheuse pourra être considérée comme un repoussoir asexué.

Bien que cette tendance diminue et que les filles rattrapent l'écart avec les garçons dans les disciplines scientifiques, lorsqu'on interroge filles et garçons, les seconds diront le plus souvent préférer les maths, même lorsqu'ils sont faibles dans cette matière, alors que les filles se diront plus sensibles à la littérature et aux arts.

Or, contrairement à l'idée reçue, il semblerait que la mixité renforce les comportements stéréotypés entre les sexes. Selon une étude britannique de 2002[1], les filles s'épanouissent mieux, ont de meilleurs résultats dans des classes sans garçons, où elles n'ont pas à subir leur domination ou leurs sarcasmes, et n'hésitent pas à s'affirmer dans les matières scientifiques. De même, les garçons se sentent plus autorisés à être littéraires dans une classe où on ne les range pas dans le camp des filles s'ils aiment lire.

Pour l'année 2008-2009, 78,6 % des élèves en terminale L (littéraire) étaient des filles, 62 % en terminale ES (économique et social) et 46 % en terminale S (57,9 % pour les SVT, 46,8 % pour la physique-chimie, 39,6 % pour les maths et 13,6 % pour les sciences de l'ingénieur). Or ce sont les maths qui, depuis plusieurs décennies, orientent vers les filières d'excellence, notamment les grandes écoles.

Après le bac, si les filles étudient plus longtemps que les garçons, elles ne choisissent pas les études les plus prestigieuses. Par manque de confiance en elles dans les matières scientifiques, elles compromettent leurs chances d'accéder à ces filières (en 2008-2009, elles ne représentent que

---

1. Citée par Marie Duru-Bellat dans *L'École des filles*, *op. cit.*, p. 97 : C. Jackson, « Can single-sex classes in co-educational schools enhance the learning experiences of girls and/or boys? », *British Educational Research Journal*, vol. 28, n° 1, p. 37-48.

30,3 % des étudiants en prépa scientifique, voir tableau ci-dessous), donc à un métier à responsabilités, socialement considéré et bien rémunéré.

Effectifs des classes supérieures par niveau et par sexe (année scolaire 2008-2009)

	Filles	Garçons	Filles (%)	Total
Classes préparatoires aux grandes écoles	34 179	45 824	42,7	80 003
– Préparations scientifiques	15 020	34 259	30,3	49 279
– Préparations économiques	10 530	8 672	55,3	19 202
– Préparations littéraires	8 629	2 893	75,5	11 522
Sections de techniciens supérieurs	118 951	115 213	50,8	234 164
Total général	**153 130**	**161 037**	**48,7**	**314 167**

Champ : France.
Source : ministère de l'Enseignement supérieur et de la recherche, DGESIP-DGRI.
www.insee.fr

L'influence de la famille et des médias entre également en jeu pour présenter aux filles une carrière professionnelle à responsabilités comme un obstacle possible à leur vie d'épouse et de mère ; une culture « humaniste », telle que celle associée aux lettres, en fera des mères éclairées, ce qui est bien suffisant…

V

La fabrique professionnelle

Malgré les « dérives », on n'éduque plus les filles pour qu'elles se consacrent uniquement à une carrière d'épouse ou de mère. Depuis quarante ans, le travail salarié des femmes est devenu la norme alors que, auparavant, quand les revenus du mari suffisaient à nourrir la famille, elles travaillaient sans être payées, voire ne travaillaient pas.

Certes, le travail des femmes ne date pas d'hier, mais il était limité à certains domaines et était encore plus précaire que celui des hommes. Selon le recensement de 1896, 90 % des femmes actives (soit 36 % des femmes) travaillaient dans l'agriculture, le travail des étoffes et des vêtements, les services domestiques, le commerce ou l'industrie textile[1]. Quand il était salarié, le travail des

1. Françoise Battigliola, *Histoire du travail des femmes*, La Découverte, 2000.

femmes était toujours moins payé que celui des hommes (sous prétexte qu'elles étaient plus faibles physiquement) ; par conséquent, les syndicats ouvriers voyaient d'un mauvais œil cette « concurrence déloyale » que représentaient les femmes, ces « voleuses de travail ».

Qu'en est-il aujourd'hui ?

En 2000, quelles que soient les classes d'âges, les femmes actives ont en moyenne un diplôme supérieur à celui des hommes[1]. En 2008, 86,6 % des hommes et 92,7 % des femmes occupant un emploi sont salariés. En vertu des droits du travail dans la société d'aujourd'hui, cela devrait garantir aux femmes une sécurité et une indépendance financière appréciables. Cela devrait contribuer aussi à l'égalité des sexes, puisque, dans les couples où les femmes travaillent à l'extérieur, elles participent plus à la gestion du budget et à la prise de décisions importantes (ce qui était autrefois réservé aux hommes) ; réciproquement, l'homme s'investit un peu plus dans les domaines réputés féminins (enfants, tâches ménagères), même si l'on est encore loin, de ce point de vue, d'un partage des tâches.

Les métiers « féminins »

Le monde du travail apparaît cependant scindé en deux. « Une grande partie des professions occupées par les

---

1. Voir aussi Insee, « Diplôme le plus élevé obtenu selon l'âge et le sexe », 2007.

femmes sont soit des professions centrées autour de la famille ou de l'éducation, soit des professions qui érigent d'une manière ou d'une autre la "féminité" en qualité professionnelle[1]. »

Ainsi, en 2002, 60 % des femmes actives (contre 52 % en 1983) se retrouvent dans cinq types de professions : enseignement primaire, professions intermédiaires de la santé et du travail social, emplois de la Fonction publique, emplois administratifs en entreprise, emplois au sein de commerces ou de services aux particuliers.

Cela correspond peu ou prou aux vœux des parents. Dans une étude de l'IPSOS menée en 2007[2], si les parents souhaitent un équilibre entre vie professionnelle et vie privée autant pour leur fille que pour leur fils, en ce qui concerne le futur métier, on voit se reproduire la partition sexuée : lorsqu'on compare les réponses apportées par les parents pour les filles et pour les garçons, on remarque que, pour les garçons, deux secteurs sont majoritairement recommandés (celui de l'énergie et de l'environnement, et celui des technologies de communication, qui recueillent respectivement 62 % et 58 % des citations), alors que les autres arrivent loin derrière (le suivant, le secteur de l'industrie, est cité par 36 % des parents). Les secteurs que les parents recommanderaient

1. Alain Bihr, Roland Pfefferkorn, *Hommes, femmes, quelle égalité ?*, Les Éditions de l'Atelier, 2002.

2. « Les parents face à la représentation sexuée des métiers », sur un échantillon représentatif de 801 personnes, publié en ligne sur le site www.travail-solidarite.gouv.fr.

majoritairement pour une fille sont au nombre de quatre : les technologies de communication (61 %), les services et soins à la personne (57 %), l'énergie et l'environnement (55 %) et l'audit-banque-assurance (51 %). Pensant sans doute à leur propre expérience, les mères sont plus nombreuses que les pères à souhaiter à leur fille des horaires souples (44 % pour leur fille, contre 19 % pour leur fils) et un travail dans les services et soins à la personne.

On l'a vu, depuis leur naissance, les filles sont éduquées à la douceur, à l'écoute, au « don de soi », mais aussi à la séduction et à la beauté ; avec un tel conditionnement, il n'est pas étonnant qu'on les retrouve surtout dans les branches où il faut s'occuper de personnes (enfants, handicapés, malades, personnes âgées, patrons...) ou bien qui nécessitent une « bonne présentation » (hôtesses), ou encore un goût pour la mode (coiffeuses, vendeuses dans le prêt-à-porter, etc.). Or ces compétences, étant considérées comme des « qualités naturellement féminines », ne sont pas reconnues et sont donc mal rémunérées. Par exemple, les études et la formation que nécessite le métier d'infirmière sont souvent masquées par les qualités de « dévouement », de « don de soi », qui par définition ne riment pas avec « argent » (d'autant qu'autrefois en France c'étaient des religieuses bénévoles qui assuraient la fonction d'infirmière). Elles sont donc très peu payées malgré leurs lourdes responsabilités et la pénibilité de leur fonction.

L'orientation des femmes vers certains métiers se justifie aussi par le fait qu'elles « choisissent » un travail qui leur laisse du temps disponible pour s'occuper de leur famille. Prenons l'exemple de l'enseignement. Beaucoup sont ceux qui estiment qu'institutrice est un métier « idéal » pour une femme parce qu'il s'agit de s'occuper de jeunes enfants, tout en ayant beaucoup de temps libre pour sa propre progéniture (ce n'était pas le cas jusqu'aux années 1950, où l'institutrice était souvent « vieille fille[1] »). Ainsi, en 2009, 81,3 % des institutrices dans le public sont des femmes (90 % dans le privé). Or, si ce métier est peu rémunéré (1 338 € nets en début de carrière, 2 535 € après trente ans d'expérience), malgré plusieurs années d'études après le bac et un concours d'entrée, n'est-ce pas parce que l'État oublie trop souvent, dans sa hiérarchie des salaires, qu'enseigner à de jeunes enfants n'est pas du simple maternage mais correspond à une vocation et à de réelles compétences ?

Autre question : au sein même de ces professions dites féminines, pourquoi la proportion d'hommes augmente-t-elle avec la hiérarchie ? Par exemple, en 2009, 57,5 % des professeurs des collèges et lycées sont des femmes, et seulement 37 % dans l'enseignement supérieur (universités). Cela s'explique si l'on sait que le recrutement des professeurs d'université ne se fait pas seulement par concours mais par cooptation : les professeurs et le directeur de l'université se réunissent pour décider qui va remplacer tel professeur parti à la retraite. Étant une majorité d'hommes,

1. Voir Yannick Ripa, « Prof, c'est bien pour une femme », in *Les Femmes, op. cit.*

ils vont choisir plus fréquemment un autre homme, même si des femmes sont aussi compétentes pour le poste.

Ce sont toujours les hommes qui commandent

La préférence à l'embauche des hommes pour les meilleurs postes se retrouve d'autant plus dans des métiers plus mixtes : d'après les études de l'Insee[1], en 2003, les deux tiers des cadres du secteur privé étaient des hommes, et moins de deux dirigeantes sur dix étaient des femmes. Même dans la Fonction publique, où les femmes sont majoritaires (57 %), elles sont très peu présentes dans les fonctions d'encadrement ou les postes à responsabilités. Fin 2002, elles représentent 13,4 % des 3 800 emplois de direction et d'inspection. Pourquoi ?

D'une part, on pense qu'une femme aura du mal à exercer une autorité sur des hommes, malgré un statut hiérarchique supérieur.

Ensuite, malgré la fréquence des séparations et des divorces dans notre société, et l'âge très élevé du mariage (on se marie vers 30 ans en moyenne en 2006), l'idée qu'une femme a un salaire d'appoint par rapport à son mari, le chef de famille, est tenace ; on va donc réserver les meilleures places aux hommes.

Enfin, les employeurs craignent que les candidates au poste n'aient des enfants, donc qu'elles prennent des congés

---

1. Voir C. Colin, Z. Didier, C. Ravel, « La parité à pas comptés », *Insee première*, n° 1006, mars 2005.

maternité (de quatre à six mois), voire des congés parentaux (de un à trois ans), ce qui pourrait être gênant à long terme dans un poste à responsabilités. De même, les femmes sont supposées avoir plus souvent la charge des enfants quand ils grandissent (ou sont malades), elles seraient donc moins disponibles que les hommes. En revanche, l'activité professionnelle d'un homme n'est que peu influencée par le nombre et l'âge de ses enfants.

Dans l'opinion publique cependant, l'idée que les deux parents (et pas seulement la mère) puissent bénéficier d'un aménagement du temps de travail pour s'occuper de leurs enfants progresse. D'après une étude du ministère du Travail[1], près de 20 % des pères de jeunes enfants (4 à 6 mois) se déclarent prêts à prendre un congé parental de trois ans. Ces pères se sentent moins impliqués dans leur travail, sont moins rémunérés que la moyenne, alors que leur compagne est plutôt bien insérée dans son métier. Ils partagent davantage les tâches ménagères et le soin aux enfants avec leur compagne. Il s'agit plutôt d'ouvriers ou d'employés. Le seul problème, c'est que l'étude ne précise pas si ces paroles sont suivies d'effet : combien de ces pères ont-ils réellement pris un congé parental ?

1. Denise Bauer, « S'arrêter de travailler durant trois ans pour s'occuper de son enfant : une idée qui progresse chez les pères », *Étude et Résultat*, n° 638, mai 2008, sur le site www.travail-solidarite.gouv.fr.

L'inégalité salariale

Bien qu'elle soit interdite par la loi et tende à diminuer, l'inégalité salariale subsiste pour trois raisons : d'abord les femmes ont moins accès que les hommes aux emplois bien rémunérés, aux responsabilités, etc., leurs salaires sont donc plus faibles ; ensuite on leur impose beaucoup plus souvent des emplois à temps partiel (voir ci-dessous). Mais l'inégalité est encore plus flagrante lorsqu'un homme et une femme, à compétences égales, à niveau d'études égal et travaillant le même nombre d'heures, sont payés différemment alors qu'ils occupent le même poste : or, d'après l'Insee, cet écart était en moyenne de 19,1 % en 2007. Il était plus important dans le secteur privé que dans la Fonction publique, et plus important chez les cadres (23 %) que parmi les ouvriers (17,3 %), les professions intermédiaires (12,4 %) ou les employés (5,5 %).

Depuis 1972, l'État promulgue des lois préconisant l'égalité des salaires entre les sexes, mais ne sanctionne pas les entreprises qui ne les respectent pas.

Les temps partiels imposés

En 2001, 30,4 % des femmes travaillent à temps partiel, alors que seulement 5 % des hommes sont dans ce cas (soit six fois moins).

On présente souvent le temps partiel comme une « chance » pour les femmes de conjuguer vie professionnelle et vie de famille. Mais en réalité, en France, les personnes travaillant à temps partiel se voient confier moins de responsabilités, ont des emplois moins bien rémunérés et une évolution professionnelle plus lente que les autres.

Il existe en fait deux types de temps partiel : d'un côté, les aménagements du temps de travail, fréquents dans la Fonction publique, où, en 2005, les femmes occupent 84 % des postes à temps partiel, le plus souvent quatre jours par semaine pour « libérer » les mercredis (et les consacrer aux enfants)[1] ; de l'autre côté, les femmes peu ou pas qualifiées qui travaillent par exemple comme caissières d'un grand magasin où l'employeur leur impose 22 ou 26 heures de travail par semaine avec des horaires éclatés (par exemple de 8 heures à 10 heures, puis de 17 heures à 19 heures sur six jours) et variables (ce qui les empêche de planifier leurs éventuels loisirs), sur la base du salaire minimum (ce qui leur laisse à peine de quoi vivre). Or ce second type de temps partiel tend à devenir de plus en plus fréquent et touche bien souvent des femmes sans qualification, qui n'ont pas d'autre choix, après une longue période de chômage, même si elles préféreraient travailler plus. Il a notamment augmenté chez les jeunes femmes peu ou pas qualifiées de moins de 25 ans sans enfants, ce qui montre bien que le temps partiel n'est pas forcément « demandé » par les femmes pour mieux s'occuper de leur progéniture.

---

1. Rapport du Conseil économique et social, « Les femmes face au travail à temps partiel », www.conseil-economique-et-social.fr/rapport/doclon/08261005.pdf.

En fait, le développement du temps partiel est lié à la période de crise économique que connaît la France depuis 1973. Depuis 1980, trois fois plus de personnes travaillent à temps partiel et sont pour l'essentiel (82 % en 2008) des femmes. Le temps partiel touche en effet les métiers où l'on trouve le plus de femmes, et notamment les métiers où les salaires sont les plus bas et où l'on retrouvait 40 % des femmes actives en 1998 : assistantes maternelles (63 % de salariées à temps partiel), employées de nettoyage (92,4 %), femmes de ménage (95 %) et secrétaires (92 %).

Le temps partiel est aussi imposé par certains employeurs pour éviter le mécontentement que susciteraient des licenciements secs et gérer une main-d'œuvre plus flexible. De plus, l'État encourage régulièrement les employeurs à embaucher à temps partiel par un allègement des charges patronales, contribuant ainsi à rendre le travail des femmes plus précaire. Selon les chiffres de l'Insee, en 2007, 4 332 000 femmes vivent avec moins de 901 € par mois ; 3 712 000 hommes sont aussi dans ce cas.

Travail plus précaire et chômage plus fort

Les femmes sont plus nombreuses que les hommes à occuper des emplois temporaires, comme les contrats à durée déterminée, les stages et les emplois aidés (11 % contre 6 % en 2003). Quand une femme perd son travail à temps plein en CDI, elle a plus de mal qu'un homme à retrouver un travail équivalent (48 % contre 61 %).

Dans les branches où le chômage sévit le plus, les femmes sont plus touchées que les hommes : en 2008, 14,4 % des ouvrières sont au chômage (contre 9,2 % des ouvriers). Sachant que le taux de chômage des ouvriers est trois fois supérieur à celui des cadres, le chômage touche moins durement les femmes qui ont un haut niveau d'études, mais l'écart entre hommes et femmes se réduit aussi : en 2008, sur 605 000 chômeurs sans diplôme ou CEP, 331 000 sont des femmes (pour 274 000 hommes) ; alors que, sur les 211 000 chômeurs ayant un diplôme supérieur à bac + 2, les femmes sont 113 000 (pour 98 000 hommes). Cela expliquerait aussi pourquoi les filles font des études plus longues et moins spécialisées que les garçons : si elles se retrouvent en concurrence avec les garçons, il faut qu'elles soient plus diplômées.

On peut noter cependant que le chômage longue durée touche plus les hommes (en 2008, selon l'Insee, 39,4 % des chômeurs étant au chômage depuis un an ou plus) que les femmes (36,5 % des chômeuses étant au chômage depuis un an ou plus).

Les mères isolées

Le nombre de divorces ne cesse d'augmenter. La plupart du temps, en vertu de la loi française, ce sont les mères qui ont la garde des enfants en bas âge (selon l'Insee, en 2004, sur 1,6 million de familles monoparentales, 14 % seulement étaient constituées d'un homme et de ses enfants). Or les chiffres montrent que de nombreux pères se désengagent souvent financièrement vis-à-vis de leurs enfants s'ils ne vivent plus sous le même toit.

La séparation fait prendre conscience à nombre de femmes de ce qu'elles ont perdu en ayant renoncé, entièrement ou partiellement, à leur indépendance financière. Ces femmes se retrouvent seules avec de très faibles salaires (voire aucun). Si les ex-maris sont censés verser une pension alimentaire, celle-ci est souvent maigre et pas toujours payée, ou en retard. De même, les aides accordées par l'État sont bien souvent insuffisantes.

Ainsi, parmi les travailleurs pauvres, on compte beaucoup de mères isolées. On constate également que le chômage ne cesse d'augmenter dans cette catégorie : 12,4 % en 1984, 14 % en 1989, 17,4 % en 1992, selon le ministère des Affaires sociales[1].

Face à l'image idéale de la superwoman qui a envahi les médias depuis les années 1980 – une femme cumulant emploi qualifié, maternité épanouie, vie de couple intense, talents culinaires, vie amicale fidèle, activités sportives et intellectuelles, et gardant, bien sûr, un œil averti sur la mode et le pèse-personne –, la réalité est bien rude.

L'important est de pouvoir payer le prix de sa liberté : d'ailleurs, les divorces augmentent avec le niveau scolaire des femmes, car ces dernières sont plus autonomes

1. Alain Bihr, Roland Pfefferkorn, *Hommes, femmes, quelle égalité ?*, *op. cit.*

financièrement et peuvent assumer plus facilement une séparation. De fait, c'est chez les agriculteurs, les artisans et les petits commerçants qu'on divorce le moins, souvent parce que leurs femmes ont un statut relativement précaire d'aides familiales.

Les faibles pensions de retraite

L'accumulation de toutes ces inégalités fait que les femmes ne touchent qu'une très faible retraite. Ayant occupé des postes moins prestigieux ou travaillé pour des salaires inférieurs à ceux des hommes, ou à temps partiel (voire plus du tout) pour pouvoir s'occuper des enfants, les femmes se retrouvent avec des retraites bien inférieures à celles des hommes.

En 2004, pour une carrière complète, un homme touche en moyenne 1 603 € de retraite par mois, quand une femme n'a que 1 027 €. Si l'on cumule toutes les carrières (c'est-à-dire si l'on ajoute à ce chiffre les personnes qui touchent une retraite alors qu'elles n'ont pas pu travailler le temps nécessaire pour avoir une « carrière complète »), l'inégalité s'accroît : on a 1 535 € par mois pour les hommes et 692 € par mois pour les femmes. Or les femmes vivent plus longtemps que les hommes, et leur espérance de vie ne cesse d'augmenter : elle était de 84,5 ans en 2009, contre 77,8 ans pour les hommes.

VI

La fabrique politique

Les femmes et le pouvoir

Les femmes sont encore plus rares dans les sphères du pouvoir politique que dans celles du pouvoir économique. Dans ce domaine, les arguments naturalistes sont encore invoqués : par nature, « la » femme n'aurait pas le goût du pouvoir et de la politique. Certains s'en réjouissent, parce qu'ils l'en jugent incapable ; d'autres le regrettent, mais en invoquant un argument naturaliste : par nature, parce que la femme est mère et donne la vie, elle aurait une façon différente d'envisager les rapports entre les êtres ; ainsi, disent-ils/elles, si les femmes étaient au pouvoir, il y aurait moins de guerres. Or il suffit de considérer l'histoire pour voir que ni le pacifisme ni l'instinct maternel ne sont des données biologiques, et qu'en plus le lien entre les deux ne va pas de soi. En 1914, peu de femmes, même chez les féministes, se sont opposées à la guerre[1] ; aujourd'hui, si les attentats suicide sont plus rarement perpétrés par des femmes, la fierté filmée de certaines mères de terroristes montre que l'amour pour ses enfants ne s'épanouit pas que dans la vie.

Les gouvernantes

Les trois premières Françaises nommées ministres l'ont été en 1936, dans le gouvernement du Front populaire, soit neuf ans avant que les femmes obtiennent le droit de vote. À l'époque, seuls des hommes de gauche osaient prôner le pouvoir des femmes. En 1940, le gouvernement d'extrême droite du maréchal Pétain, en accord avec les dictatures fascistes et nazies voisines, les a bien vite renvoyées en cuisine. Aujourd'hui, avoir des femmes dans son gouvernement est un gage de modernité qui s'étend aussi aux politiques de droite. Pourtant, les femmes au pouvoir sont encore minoritaires.

Un retour sur l'histoire permet de comprendre que, si les femmes ont rarement incarné le pouvoir, c'est qu'elles n'en avaient pas le droit... En France, sous l'Ancien Régime, la loi salique les empêchait de devenir reines autrement que par le mariage. Si elles voulaient exercer le pouvoir (et certaines

---

1. Voir Yannick Ripa, « Si les femmes dirigeaient, il n'y aurait plus de guerre », *Les Femmes, op. cit.*

ne s'en sont pas privées), c'était par des moyens détournés, en étant la « femme de », la « maîtresse de » ou la « fille de », c'est-à-dire par une forme de manipulation qui leur était reprochée (alors qu'elles n'avaient pas d'autre moyen).
C'est ainsi qu'on continue de présenter certaines femmes nommées à des postes de pouvoir : Marie-France Garaud, conseillère des présidents de la République Georges Pompidou (1969-1974) et Jacques Chirac (1995-2002), était traitée de « Cruella » ou d'éminence grise œuvrant dans l'ombre pour faire monter ses « poulains » et éliminer ses adversaires. Édith Cresson, elle, première Première ministre dans l'histoire de France (de mai 1991 à avril 1992), n'aurait dû cet honneur qu'à ses liens intimes avec le président François Mitterrand. Comme si, finalement, dans la sphère du pouvoir, la présence des femmes n'était qu'un des attributs de l'homme puissant et servait à le glorifier, au même titre que l'argent ou les belles voitures.
Et les femmes qui accèdent au pouvoir directement, sans passer par la case « homme puissant », continuent d'être jaugées autant sinon plus en fonction de leur physique que de leurs compétences : ainsi Ségolène Royal, candidate à la présidence de la République en 2007 (une première pour un des grands partis susceptibles de gagner cette élection majeure), avait emporté bien des suffrages en apparaissant en maillot de bain à la une d'un magazine ; et les sarcasmes des uns et des autres sur ses « gaffes » étaient d'autant plus féroces qu'ils étaient teintés d'une misogynie (une haine des femmes) insupportable.

Ainsi, comme dans le monde du travail, les femmes qui obtiennent des responsabilités élevées sont encore considérées comme une « injure à leur sexe » (puisque le pouvoir est considéré comme une « affaire d'homme ») et doivent faire encore plus leurs preuves que les hommes. Pour « faire passer la pilule », les femmes nommées au gouvernement se retrouvent ministres ou secrétaires d'État dans des domaines bien particuliers : soit pour défendre les droits… des femmes (comme entre 1981 et 1986, où il y a eu un ministère des Droits de la femme), soit pour assumer des fonctions en lien avec leur « rôle traditionnel » : le social, la famille, l'éducation, la santé, plus récemment l'environnement et les affaires européennes. En ce sens, les parcours de Michèle Alliot-Marie, ministre de la Défense en 2002, puis de l'Intérieur en 2007, enfin de la Justice en 2009, ou celui de Rachida Dati, ministre de la Justice de 2007 à 2009, bastions virils s'il en est, sont des exceptions qui laissent peut-être augurer un changement.

Les représentantes

Qu'en est-il des femmes élues ? Depuis 1945, leur nombre n'avait guère progressé à l'Assemblée nationale : 5,6 % en 1945, 6,1 % en 1993 ! Au Sénat, c'était encore pire : 2 % de femmes en 1974, 5,6 % en 1999… Au point qu'on s'est demandé si finalement le droit de vote n'avait pas comblé en 1945 toutes les ambitions politiques féminines.

Pour accélérer le mouvement et imposer les femmes dans le monde politique, certaines féministes avaient demandé dans les années 1990 une loi instaurant la parité, l'égale représentation des hommes et des femmes. Après bien des débats, une loi a été promulguée le 6 juin 2000, obligeant les partis politiques à intégrer 50 % de femmes sur leurs listes électorales, mais elle n'a pas eu le succès escompté. Les partis, notamment de droite, préféraient payer l'amende pour le non-respect de la loi plutôt que d'inscrire des femmes sur leurs listes, au prétexte qu'ils n'en trouvaient pas. Surtout, ils envoyaient les femmes se présenter là où les élections étaient perdues d'avance pour leur parti. On faisait sentir aux femmes recrutées qu'elles n'étaient pas légitimes, puisque c'était une loi, et non leurs efforts personnels, qui les avait propulsées à la place d'hommes plus compétents qu'elle.

Les comparaisons avec d'autres pays sont éclairantes sur le retard de la France en la matière. En 2009, il y avait 6 femmes au Parlement français (soit 18 %), alors qu'elles étaient 16 en Espagne (soit 36 %), 40 en Suède (soit 47 %), 23 à Cuba (soit 43 %) ou 8 en Inde (soit 12 %).

La France a fait mieux pour les députés européens : pour la législature 2009-2014, 32 femmes ont été élues (sur 72 députés français), alors qu'elles étaient 18 pour l'Espagne (sur 50 députés espagnols) ou 10 pour la Suède (sur 18 députés suédois).

Participation des femmes à la vie politique française en pourcentage

Parmi les conseillers généraux* (2008)	12,3 %
Parmi les maires** (2008)	13,9 %
Parmi les députés (2007)	18,5 %
Parmi les sénateurs (2008)	21,8 %
Parmi les conseillers municipaux (2008)	34,8 %
Parmi les parlementaires européens (2009)	44,4 %
Dans la population active (2008)	47,5 %
Parmi les conseillers régionaux (2004)	47,6 %

* Ensemble des communes.
** France métropolitaine.
Champ : France. Note : résultats à la sortie des urnes.
Source : ministère de l'Intérieur, bureau des élections et des études politiques.

À quoi est due cette faible participation des femmes à la vie politique ? Est-ce le manque de temps ? On l'a vu, les femmes cumulent déjà une journée de travail avec une journée de tâches domestiques. Si l'on ajoute à cela des responsabilités politiques, cela leur fait des « triples journées » de travail.

Manque d'ambition ? Manque de formation ? Manque d'attirance pour un milieu qui a été conçu au départ par et pour des hommes ? Il serait difficile de reprocher aux femmes leurs hésitations à se présenter plus souvent à des élections, quand elles doivent subir non seulement la féroce rivalité politique habituelle, mais en plus certains réflexes misogynes méprisants. Le pouvoir étant considéré comme un attribut masculin, avec des valeurs de compétition masculines, une femme, pour y accéder ou s'y maintenir, doit abdiquer les valeurs féminines qu'on lui a inculquées (altruisme, dévouement, générosité, écoute, etc.) ; or, si elle le fait, on le lui reproche (« peau de vache, monstre… »), si elle ne le fait pas, elle est traitée de potiche ou d'hypocrite, ou encore disparaît de la scène politique. Jamais on n'oublie qu'une femme politique est une femme, peut-être en raison de l'apparente contradiction entre les deux termes. On tolère beaucoup plus les plaisanteries sur leur physique que sur celui des hommes (Valérie Pécresse avait une « tête de femme battue » à la suite d'un débat engagé sur ses réformes) ; sans parler des traditionnelles insultes liées aux pratiques sexuelles supposées des principales intéressées, surtout quand elles montrent une détermination particulière. La politique ne se joue d'ailleurs pas que sur le terrain de l'État. Quel est l'engagement des femmes dans les associations ?

Syndicats et associations

Les femmes sont généralement moins syndiquées que les hommes, surtout dans le secteur privé. Même dans la Fonction publique et les professions de la santé, où l'on trouve le plus de femmes, plus on monte dans la hiérarchie syndicale, plus elles se font rares. Cette faible représentation est là encore due aux tâches ménagères et aux enfants qui occupent une grande partie de leur temps libre. À la CGT, par exemple, où elles n'étaient que 22 % en 2002 par rapport aux hommes, 40 % de déléguées syndicales n'avaient pas d'enfants et 20 % étaient célibataires. En outre, à part SUD, les syndicats sont peu intervenus dans la lutte pour l'égalité professionnelle entre hommes et femmes, et notamment sur le développement du travail à temps partiel subi ou du harcèlement sexuel et moral dans les entreprises, qui touche les femmes plus souvent que les hommes.

Quant aux associations diverses, on voit plutôt les hommes dans les associations sportives, les organisations politiques et les associations de locataires ou de copropriétaires, alors que les femmes sont plutôt dans les associations humanitaires, musicales, ou... de parents d'élèves, où elles sont majoritaires.

VII

La fabrique sociale des filles

Les différentes « fabriques » de filles (scientifique, familiale, scolaire…) ont été évoquées séparément et schématiquement pour faire apparaître en clair certains des moules les plus fréquents (mais non pas universels). Au quotidien, dans les faits, ils se mélangent dans un grand moule social, qui se module selon le lieu d'où l'on vient, la région ou le quartier où l'on habite, la génération à laquelle on appartient, mais aussi l'histoire personnelle et familiale. Comme l'indiquent les interviews de jeunes filles et de femmes au début de cet ouvrage, tout n'est pas uniforme, et il y a des forces de changement dans les familles les plus rétrogrades, comme des relents sexistes dans certains milieux dits plus ouverts.

Les femmes n'ont pas à livrer les mêmes combats, selon qu'elles appartiennent à la grande bourgeoisie ou au

Longtemps, dans les partis de gauche et les problèmes liés à la condition féminine érés comme indissociables de la lutte des classes sociales en général, et il était donc inutile de s'en préoccuper de manière spécifique. Les féministes, souvent issues de milieux aisés, étaient rejetées comme si elles ne défendaient que les aspirations de bourgeoises cultivées. Et, de fait, il est plus facile de résoudre certains obstacles au libre épanouissement de sa vocation professionnelle quand on a de l'argent : ainsi, les femmes cadres ayant de hautes responsabilités n'ont pas forcément un mari qui s'occupe plus des tâches ménagères et des enfants que s'il était ouvrier, elles paient simplement d'autres femmes pour s'en charger à leur place. Elles « paient » néanmoins pour leur statut de femmes : par exemple, pour ne pas gêner l'évolution professionnelle de leur mari, elles renoncent à la leur dans neuf cas sur dix[1].

La fabrique de la violence

Il y a d'autres constantes cachées qui transcendent les milieux sociaux. La violence contre les femmes en est une. Quand certains jeunes hommes ou hommes adultes souffrent d'un sentiment d'impuissance par rapport à leur vie sociale, professionnelle, amoureuse, sexuelle ou autre, tout ce qui leur reste, c'est leur « identité sexuelle », ou du moins

1. Voir plus loin : Entretien avec Marie Duru-Bellat, p. 201-202.

celle qu'ils se représentent : être un « homme », c'est avoir le pouvoir sur une femme, cet être qu'ils considèrent inférieur et qui malgré tout a des velléités d'indépendance et des prétentions à l'égalité... Ainsi, on peut comprendre, sans l'excuser pour autant, qu'une certaine éducation sexiste puisse conduire à des comportements violents envers les femmes ; dans certains films pornos, la violence à l'égard des femmes est montrée comme un passe-temps érotique agréable, où les victimes elles-mêmes sont consentantes... Et cela témoigne aussi de l'ambiguïté des valeurs viriles, où il s'agit de ne pas « avoir l'air d'une femmelette ». Le sociologue Pierre Bourdieu commente ainsi, dans son essai *La Domination masculine* : « Ce qui s'appelle "courage" s'enracine ainsi parfois dans une forme de lâcheté : il suffit, pour s'en convaincre, d'évoquer toutes les situations où, pour obtenir des actes tels que tuer, torturer ou violer, la volonté de domination, d'exploitation ou d'oppression s'est appuyée sur la crainte "virile" de s'exclure du monde des "hommes" sans faiblesse, de ceux que l'on appelle parfois des "durs" parce qu'ils sont durs pour leur propre souffrance et surtout pour la souffrance des autres. »

La violence physique fait partie d'une certaine éducation virile, et on la retrouve dans des jeux vidéo, des films d'« action » ou de terreur inhérents à la culture masculine, où elle finit par apparaître comme banale. Rien n'oblige cependant les hommes à céder à leurs pulsions, même quand l'alcool peut faciliter le passage à l'acte. En effet, ce sont les jeunes femmes au chômage ou enceintes qui sont le plus souvent victimes des violences de leur conjoint, parce qu'elles sont plus dépendantes matériellement. Cela montre que les risques pris par les hommes violents pour se défouler sur une femme sont souvent calculés (consciemment ou non).

La violence conjugale s'exerce à des degrés divers, pouvant aller jusqu'au meurtre (selon les statistiques de la police française en 2006, une femme mourrait en France tous les trois jours sous les coups de son compagnon). Les violences peuvent être psychologiques (humiliations, insultes, harcèlement) ou physiques (gifles, coups, etc.). Si elles sont favorisées par des situations de tension comme le chômage, l'immigration ou la rupture dans le couple, elles s'expliquent aussi en grande partie par le sexisme : encore récemment, dans la société française, les violences à l'intérieur du couple étaient considérées comme banales, normales ou bien étaient ignorées, car on estimait que les femmes devaient obéissance à leur mari envers et contre tout. C'est seulement en 1980 qu'une loi a été votée pour punir le viol conjugal.

Ce qui pourrait changer dans les religions

Malgré la « révolution sexuelle » des années 1970 et le droit à la contraception, les jeunes filles ou les femmes qui

1. Voir Agnès Boussuge et Élise Thiébaut, *J'appelle pas ça de l'amour. La violence dans les relations amoureuses, op. cit.*

multiplient les expériences sexuelles sont regardées avec nettement moins de bienveillance que lorsqu'il s'agit d'un adolescent ou d'un homme. Les premières sont traitées de femmes faciles, voire pire, quand les seconds seront admirés comme des don Juan. La peur de ne pas pouvoir contrôler ou satisfaire le désir des femmes, la peur aussi de ne pas pouvoir contrôler ses propres pulsions sexuelles quand on est un homme sont à l'origine de bien des codes de l'« honneur » qui impliquent qu'une femme reste chaste jusqu'à son mariage. On peut y ajouter la volonté de contrôler la maternité des femmes[1].

Ces interdits concernant les femmes se retrouvent dans la plupart des religions, qu'il s'agisse du judaïsme, du christianisme ou de l'islam : on peut lire dans leurs textes fondateurs que la femme est la propriété de son mari ; qu'elle doit lui obéir, le servir, lui donner une descendance, et se vêtir modestement pour ne pas éveiller le désir des autres hommes. Le reste est affaire de nuances et d'interprétations : si l'on examine le Coran et même les hadiths, on n'y trouve nulle part l'obligation de porter le voile intégral, encore moins de se faire exciser ; de même, rien dans la Bible n'incitait à brûler les hérétiques ou prétendues sorcières.

En France et dans la plupart des pays d'Europe, les religions chrétienne et juive ont dû suivre la laïcisation de la société, ce qui montre bien que les principes d'une religion ne sont pas immuables et éternels : hommes et femmes sont

1. Voir plus loin : Entretien avec Françoise Héritier, p. 219-220.

considérés comme égaux par l'Église catholique depuis peu ; Brigitte Bardot en bikini ne serait plus désignée comme une incarnation du mal, comme c'était encore le cas dans les pavillons du Vatican lors de l'Exposition universelle de 1969. Et même si certains principes demeurent, seulement peu de croyants très pratiquants souffrent de la contradiction entre leur désir de vivre librement leur sexualité et les interdits prononcés par leurs chefs religieux. Cependant, la situation n'est pas la même partout : obéissant aux injonctions du pape, quatre pays européens (Irlande, Pologne, Malte et Chypre) interdisent encore l'avortement, sauf si la mère est en danger de mort (Irlande, Pologne, Malte et Chypre), si la grossesse est la conséquence d'un viol ou si le fœtus présente des malformations (Pologne, Malte et Chypre).

Le danger d'un fondamentalisme religieux chrétien associé à d'autres élans réactionnaires n'est jamais à exclure : les mouvements anti-IVG prennent toujours plus de force en Amérique du Nord et du Sud[1]. C'est le cas aux États-Unis, où l'État du Nebraska, gouverné par un républicain, vient d'imposer les restrictions suivantes : il faut un examen approfondi qui prouve que la grossesse met en danger la vie de la mère, et tout avortement (même en cas de malformation grave du fœtus) est interdit après vingt semaines de grossesse. En outre, toujours aux États-Unis, les groupes de pression anti-IVG sont tellement influents, voire violents, que les médecins n'osent plus pratiquer d'avortements ;

1. Voir Jim Jarrassé sur www.lefigaro.fr du 14 mars 2010.

plusieurs ont déjà été assassinés par des commandos anti-IVG.

Élisabeth Badinter a montré[1] comment un groupe de pression réactionnaire des États-Unis, la Leche League, avait réussi à noyauter les instances internationales comme l'Unicef ou l'OMS (Organisation mondiale de la santé) pour imposer ses points de vue sur le rôle de la mère : dans la plupart des pays occidentaux (sauf en France), il est désormais quasi obligatoire d'allaiter son enfant jusqu'à 6 mois ; la pression légale et psychologique exercée sur les femmes pour qu'elles allaitent pendant un ou deux ans et cessent de travailler les trois premières années après la naissance de l'enfant se multiplie ; au lieu de sanctionner l'inégalité des salaires entre hommes et femmes ou d'empêcher la précarité et les temps partiels de plus en plus imposés aux femmes, certains États (Italie, Espagne, Autriche...) pratiquent une politique familialiste pour inciter les mères à rester à la maison. Or, si l'on dit aux femmes que la seule condition pour être une bonne mère, c'est de quitter le monde du travail et de se consacrer à cent pour cent à leurs enfants, beaucoup de femmes choisiront de ne pas avoir d'enfants (parce qu'elles aiment leur métier ou sont obligées de travailler), comme c'est déjà le cas dans les pays anglo-saxons ou au Japon. Toujours selon Élisabeth Badinter, le meilleur moyen d'inciter les femmes à avoir des enfants, c'est de leur permettre de continuer à travailler sans les condamner moralement, en

1. Dans *Le Conflit, la femme et la mère*, Flammarion, 2010.

multipliant aussi les structures d'accueil comme les crèches ou autres centres d'activités pour les enfants plus grands. Le taux de fécondité français, un des plus importants des pays développés, bénéficie encore de ces deux conditions, mais pour combien de temps ?

Si l'islam est aujourd'hui présenté comme l'ennemi des femmes, c'est d'une part parce que la pratique d'un islam traditionnel s'est renforcée depuis quelques décennies, mais surtout parce que certaines interprétations radicales et marginales se sont imposées dans un contexte de crise politique particulière, comme en Afghanistan. Et, comme souvent, ce sont les femmes qui font les frais des crises économiques[1], politiques, religieuses, identitaires ou autres.
En France, le repli sur une certaine identité culturelle qui se réclame de l'islam recouvre d'abord un sentiment de rejet de la part d'une population issue de l'immigration. Or, parmi les principes de cette identité, il y a celui de la supériorité de l'homme sur la femme. Dans une certaine tradition (à laquelle l'Europe du Sud catholique n'a pas échappé), l'homme a autorité sur la femme comme si elle était un enfant irresponsable ; si cette « enfant » perd sa virginité, c'est-à-dire ce qui est considéré comme son unique valeur dans une société où l'on épouse une femme pour créer une alliance avec une autre famille respectable, la famille de cette femme perd tout crédit dans la société, tout « capital

1. Voir plus loin : Entretien avec Christine Bard, p. 171-172.

social ». Le déshonneur rejaillit alors sur les hommes qui n'ont pas su surveiller ce capital. Même si, en l'occurrence, le « capital » a perdu sa virginité au cours d'un viol, les hommes de la famille ont « perdu la face ».
Entre la femme-objet sous le voile intégral et la femme-objet nue sur une affiche géante de publicité, il faut pouvoir trouver sa place et affirmer son identité, son statut de sujet, hors de tout schéma sexiste.

Les femmes plus résistantes

L'espérance de vie est une bonne manière de mesurer la combinaison entre classe sociale et genre. D'une part, elle varie fortement selon les catégories sociales : la probabilité de décéder d'un accident entre 35 et 45 ans est plus importante chez un ouvrier non qualifié que chez un cadre, et ce quel que soit le sexe : le/la cadre n'est pas exposé/e aux risques physiques de l'ouvrier/ère, il/elle a un mode de vie plus confortable, il/elle a plus souvent recours aux médecins et aux différents systèmes de soins ; cependant, l'écart entre le cadre et l'ouvrier sera plus grand qu'entre la cadre et l'ouvrière.
Pourquoi ? Parce que les contraintes sociales attachées à la féminité ou à la virilité s'ajoutent aux contraintes de classe. Dans la mesure où l'on perçoit toujours les femmes comme plus faibles physiquement et psychologiquement que les hommes, elles sont tenues à l'écart des métiers les plus pénibles et les plus dangereux (métiers du bâtiment, mines,

sidérurgie, métallurgie, chimie...). Tenues de s'occuper du foyer et des enfants, elles n'ont pas pu investir autant de temps et d'énergie dans le travail salarié que les hommes. Contrairement aux hommes, elles n'ont pas à s'affirmer par leur capacité à prendre des risques et braver les interdits : de fait, jusqu'à récemment elles fumaient et buvaient moins, elles ont des pratiques sexuelles moins risquées (et sont donc moins touchées par le sida), elles sont plus prudentes au volant ; les diktats de la féminité veulent qu'elles prennent soin de leur corps comme de leur « capital » pour continuer à séduire[1].

Si l'exemple de la vieillesse montre que l'idéal de virilité coûte finalement assez cher aux hommes en termes d'espérance de vie, il ne faut pas négliger le fait que les femmes bénéficient de moindres retraites et donc continuent d'être précarisées à un âge où la précarité est sans doute la moins supportable.

---

1. Alain Bihr, Roland Pfefferkorn, *Hommes, femmes, quelle égalité ?*, *op. cit.*, p. 260.

entretiens

Entretien avec Catherine Monnot, anthropologue

Doctorante en anthropologie sociale à l'EHESS (École des hautes études en sciences sociales), Catherine Monnot *enseigne aussi l'histoire et la géographie en collège.*

Elle a publié Petites filles d'aujourd'hui. L'apprentissage de la féminité, *aux éditions Autrement, en 2009. Dans ce livre, elle interviewe des préadolescentes de 9-11 ans, juste avant leur entrée au collège. Elle étudie comment ces petites filles se fabriquent une certaine vision de la féminité à travers les jeunes stars de la variété internationale et autres modèles présentés par les médias, et comment par leurs échanges, sur Internet ou dans la cour de récréation, elles adoptent des goûts vestimentaires ou musicaux, des façons de penser leurs relations amicales et amoureuses très codifiés.*

Qu'est-ce qui vous a amenée vers ce sujet d'étude : les préadolescentes en France ?

J'ai une formation d'historienne et je me suis spécialisée en anthropologie sociale à la fin de mon cursus, surtout après être devenue enseignante. Ma directrice de thèse, Agnès Fine, est une spécialiste des questions sur le genre, c'est-à-dire la dimension sociale du sexe biologique, la façon dont la société construit ce qui est masculin et le différencie de ce qui est féminin, et *vice versa*. Elle m'a tout simplement proposé de partir vers un champ d'étude inexploré mais qu'elle avait repéré : les liens entre les filles et la chanson. Le sujet m'a plu. J'habitais à côté d'une école primaire, j'ai pris contact et, en rencontrant ces filles de CM2, j'ai pris conscience de l'intérêt de mon « terrain » : à cet âge se jouent beaucoup de choses sur l'apprentissage de la féminité. Mon projet était de comprendre comment elles le font, pourquoi elles le font, sans porter de jugement de valeur.

J'étais certes déjà sensibilisée aux problèmes d'inégalités entre les hommes et les femmes, mais je ne me suis pas tournée vers cette enquête avec une envie militante ou même des idées prédéfinies. Ce n'était pas du tout mon cheval de bataille – ça l'est devenu quand je me suis plongée dans ces sujets, au cours de mes lectures sur les rapports hommes-femmes dans la société. J'ai compris l'importance de vulgariser ma recherche pour informer les gens qui sont concernés au premier chef.

Dans votre enquête, vous interrogez plutôt des filles de milieux populaires, qui semblent plus réceptives au message des médias, mais aussi à la vision traditionnelle de chaque sexe.

On sait statistiquement que les enfants des milieux populaires regardent plus la télévision, écoutent plus de musique, etc. Les codes sexués – ce qu'est censé faire un homme, ce qu'est censée faire une femme – sont aussi plus rigides, plus traditionnels que dans des milieux plus aisés. Cependant, dans les classes moyennes ou les milieux très favorisés, même si les enfants sont moins imprégnés par les médias, leur consacrent moins de temps, ils doivent les intégrer dans leur culture. S'ils veulent s'intégrer socialement, au niveau de leurs loisirs, à l'école, etc., ils sont obligés d'avoir un « socle de connaissances commun » avec les autres jeunes pour tenir un langage commun. Que ce soit dans l'univers de la musique, de la télévision, il y a une culture commune à tous ces différents milieux.

Dans certains milieux très minoritaires, plutôt aisés et/ou intellectuels, les parents tiennent leurs enfants à l'écart des médias. Mais s'ils n'ont pas la télé, ils ont au moins un ordinateur, ne serait-ce que pour les recherches scolaires de leurs enfants ; or, au bout d'un moment, Internet est « détourné » pour d'autres usages, donc aucun milieu n'est totalement imperméable à cet univers, que les parents cherchent ou non à le contrôler, à encadrer cette pratique culturelle.

Il ne s'agit pas d'interdire l'accès aux médias, mais de donner aux enfants d'autres possibilités de développement personnel, et leur apprendre à utiliser les médias au lieu d'être utilisés par eux. Même si les enfants savent que les images peuvent mentir, être truquées, ils ont du mal à garder une distance par rapport aux médias, qui ont pris tellement d'importance.

Vous montrez aussi que les petites filles sont très soucieuses du jugement de leurs pairs, des filles de leur classe, de leurs amies du même âge, et qu'elles s'efforcent de se conformer à certains goûts vestimentaires, comportementaux (maquillage, blogs sur Internet), musicaux – en CM2, on n'écoute plus X qui fait bébé, on écoutera plutôt Shakira ou Britney Spears. Mais passé le cap des 11-12 ans, vous montrez que certaines rejettent ce modèle hyperféminisé. Cette période que vous étudiez est-elle un simple passage, une sorte de « crise de préadolescence », ou est-ce vraiment un moule très marquant ?

Ce moment d'apprentissage de la féminité ne dicte pas forcément ce que sera la petite fille plus tard. Mais, par ailleurs, le passage par le rejet est un autre conformisme. Il est de bon ton selon les milieux sociaux au moment de l'adolescence de questionner la société de consommation, les produits issus de l'industrie musicale médiatique, les modèles que l'on avait avant – et ainsi l'on rejette l'apparence que l'on avait avant. Il arrive fréquemment que celles qui étaient dans le tout-féminin jusqu'à 12-13 ans se mettent à détourner, en raison d'une recherche d'originalité et d'éclectisme culturel qui est bien vue au lycée, les codes de l'apparence qui étaient les leurs jusque-là, notamment dans les classes moyennes et les milieux aisés. Cela ne signifie pas pour autant qu'elles les questionnent réellement et en profondeur, ou qu'elles questionnent le rapport hommes-femmes. Elles questionnent un problème d'image, mais tout se fait encore très souvent avec des supports commerciaux – chanteurs, chanteuses, vêtements, maquillage, etc. – qui sont simplement utilisés d'une autre manière. Car le but reste le même : l'intégration, coller au plus près des attentes du groupe. La plupart de ces adolescentes « rebelles » deviendront des adultes très conventionnelles.

Dans l'apprentissage de la féminité de 5 à 25 ans, on peut distinguer différentes étapes qui vont varier en fonction des individus, de leur histoire, de leur milieu social, du contexte familial. Ce que l'on est à 6 ans ou à 10 ans ne va pas forcément dicter ce que l'on sera plus tard. C'est une des petites poupées russes qui s'emboîtent les unes dans les autres pour donner à la fin quelque chose à la fois de singulier et qui ressemble aux expériences et aux visages des autres filles du même âge.

Quelles sont les différences dans ce processus de fabrique de filles avec celui des générations précédentes – les femmes nées dans les années 1960, 1970, 1980 ?

Il est plus précoce et plus intense qu'avant : à toutes ces époques, les petites filles ont aussi voulu imiter les femmes, mais les modalités pour le faire sont très différentes aujourd'hui. Avant, le premier modèle était la mère, celui qui restait efficace et prégnant le plus longtemps. Aujourd'hui, à partir de 7-8 ans – même si cela ne se vérifie pas toujours dans les faits –, en paroles du moins, la petite fille va vouloir s'affranchir de sa mère et dire qu'elle ne cherche plus à l'imiter comme quand elle était plus jeune. Bien sûr, la mère reste un modèle, mais il y a une tentative de rupture très tôt.

Ensuite, les modèles qui sont offerts sont complètement différents de ceux qu'ont connus les générations précédentes : si l'on se réfère à la période yéyé (années 1970), où l'on a vu apparaître les premières jeunes filles, actrices ou chanteuses, qui pouvaient servir à cette incorporation du féminin, celles d'aujourd'hui sont non seulement beaucoup plus nombreuses, mais offrent aussi une image du féminin très différente. Le rapport au corps, à l'érotisme, à la sexualité est beaucoup plus extraverti, se fonde sur un mode beaucoup plus explicite qu'auparavant.

Enfin, tous les supports qui sont offerts pour cet apprentissage sont beaucoup plus importants et nombreux – nous l'avons dit, il est quasi impossible de trouver aujourd'hui en France une maison sans écran (d'ordinateur, de télévision ou de téléphone portable). Les moyens de communication, les manières de s'approprier ces modèles, d'entrer en contact avec eux visuellement sont beaucoup plus nombreux, et tous les univers de marketing, de merchandising que l'on développe autour des modèles (vêtements, maquillage, parfums) sont déclinés pour les petites filles, alors que, jusqu'aux années 1980-1990, l'industrie ne s'était pas encore penchée sur cette cible. Le pouvoir d'achat était aussi très différent : on n'avait pas de pouvoir d'achat réel avant de commencer à travailler.

À qui profitent ces nouveaux modèles ? Aux hommes (avec la perpétuation de la domination masculine), aux détenteurs du pouvoir économique ou aux petites filles elles-mêmes ?

La domination économique et la domination masculine se superposent en grande partie : les tenants de cette industrie médiatique, cosmétique, etc., sont des hommes pour la plupart. Si les interprètes des chansons sont des filles, les compositeurs, les paroliers, les producteurs, les réalisateurs de clips sont presque tous des hommes. La chanteuse a l'air d'être au centre, en fait elle est encadrée, canalisée par un monde d'hommes.

Bien sûr, sous certains aspects, on voit des filles qui tiennent un discours beaucoup plus affranchi qu'avant, qui sont beaucoup plus libres dans leur rapport au corps, qui vivent une sexualité *a priori* libre mais, malgré tout, le système dans lequel ces évolutions apparaissent est largement dirigé par les hommes, pas forcément sensibles à tous les aspects de l'émancipation de la femme, en tout cas davantage soucieux de développer la consommation.

Les garçons sont-ils aussi victimes de ce matraquage médiatique ?

Ils sont aussi manipulés d'un point de vue économique. Jusque dans les années 1950, on encadrait les enfants surtout d'un point de vue moral : on faisait de futurs citoyens, de futurs soldats, de futurs pères et mères de famille. Aujourd'hui, à travers les médias, on encadre les enfants à des fins essentiellement économiques : on en fait des consommateurs.

Pensez-vous qu'il est plus difficile d'être une femme aujourd'hui ?

Les enfants (garçons ou filles) et les futurs adultes ont davantage de droits. Jusque dans les années 1970, un mari pouvait empêcher sa femme d'ouvrir un compte en banque ou de travailler. Les filles d'aujourd'hui se sont affranchies, elles font des études, elles ont atteint un niveau scolaire qu'elles n'avaient jamais atteint jusque-là, etc. Il y a des évolutions objectives. Être une femme aujourd'hui n'est pas forcément plus simple, mais donne accès à plus de droits que ce n'était le cas auparavant. En revanche, ce qu'on attend des femmes aujourd'hui est encore plus compliqué qu'avant : elles ont la liberté mais, en contrepartie, elles ont des responsabilités énormes, à savoir qu'elles doivent être toujours la mère de famille, elles doivent toujours être l'épouse, donc avoir la charge du foyer (dans 80 % des cas), tout en devant rester aussi professionnelles que les hommes. Ce sont elles qui souffrent le plus du chômage, de la précarité économique en cas de divorce, avec les enfants à charge. Et on leur demande en plus d'être toujours gardiennes d'elles-mêmes, de leur corps, pour répondre à des critères esthétiques absolument inatteignables !

Le modèle d'un corps parfait ?

Compte tenu des retouches informatiques qu'on peut faire sur la photo d'une chanteuse ou d'une actrice avec Photoshop, aucune femme ne peut rivaliser avec les modèles des magazines. Pourtant, la contrainte de ces modèles pèse sur les femmes de tous les milieux. Une insatisfaction chronique se met alors en place, avec des problèmes d'estime de soi, parce que dans une vie de femme il est très difficile d'avoir tout en même temps : à certains moments de la vie, on met l'accent sur l'activité professionnelle, après il y a la maternité, le rapport au corps va s'en ressentir pendant un certain temps, et d'autres cycles vont ainsi se succéder. Mais jamais on ne peut atteindre ce modèle imposé de femme toute-puissante et parfaite.

Cette femme multifacettes se retrouve dans le modèle du groupe offert aux adolescentes : depuis les Spice Girls des années 1990 (un groupe de cinq jeunes chanteuses et danseuses de variété anglaise) jusqu'aux Winx (six fées apparaissant dans une série télé italienne de dessins animés). Comme il est impossible d'incarner à soi toute seule la féminité parfaite, on présente ces différentes facettes dans un groupe. Mais c'est une manière de dire que les femmes d'aujourd'hui doivent composer avec des attentes multiples et parfois contradictoires. Par exemple, on attend d'une jeune femme qui a accouché qu'elle ait retrouvé sa ligne au bout de trois semaines. On attend d'une mère de trois enfants seule au foyer d'être aussi performante au travail qu'une célibataire. En même temps, les femmes restées célibataires ou sans enfants sont stigmatisées : on dit qu'elles ont raté leur vie.

Quelle est la conséquence sur les adolescentes ?

À l'adolescence (l'âge « ingrat »), où il est si difficile d'accepter ce corps qui change, qu'on ne connaît ni ne maîtrise, cette image de soi qui se transforme, il est extrêmement frustrant à la longue de grandir en étant constamment confrontée à des modèles physiques irréalistes. À partir de là, les adolescentes peuvent avoir des problèmes d'estime de soi assez importants. En plus, très souvent, on excusera une fille d'avoir de piètres résultats scolaires, mais pas de négliger son apparence – on pense qu'elle peut toujours faire davantage d'efforts dans ce second domaine.

Et les garçons dans tout ça ?

Certes, on sous-estime gravement les problèmes de construction identitaire des garçons – le jour où on aura révisé les modèles et les objectifs de vie qu'on donne aux garçons, on changera beaucoup de choses dans la société, et les femmes auront sans doute moins de problèmes par voie de conséquence. Quand on aura expliqué aux petits garçons que le but de l'existence n'est pas forcément d'être le patron ou le champion, qu'il n'est pas obligatoire de fonder la société sur des notions de compétition ou de réussite sociale, les femmes n'auront plus besoin de se caler sur ce modèle-là comme modèle de société idéal.

Alors, même si le modèle viril du protecteur du foyer a perdu de sa force depuis quelques décennies, la société continue d'avoir des attentes d'un point de vue professionnel plus importantes pour un homme que pour une femme ; donc un homme au chômage est plus atteint dans son amour-propre.

On demande aussi aux hommes beaucoup de choses à la fois : réussir professionnellement, construire un foyer, être à l'écoute de sa femme, avoir une certaine stabilité affective et même sexuelle (en tout cas à partir d'un certain âge). On impose aux hommes beaucoup de cadres rigides, mais ils sont moins nombreux que ceux qui sont imposés aux femmes.

Cependant ces cadres rigides poussent les hommes à se retrouver en haut de la pyramide sociale – les emplois les plus intéressants, les mieux rémunérés, les plus valorisés. Même quand on a été contraints par des cadres sociaux, il est plus facile de vivre quand on se retrouve en haut de la pyramide que quand on se retrouve en bas.

Pensez-vous que la mixité renforce les comportements stéréotypés ?

Des études ont été menées, montrant que, dans une classe mixte, les filles ont tendance à avoir de moins bons résultats dans les matières étudiées, notamment en mathématiques et en informatique, et intègrent inconsciemment les codes sociaux qui attribuent ces matières-là au monde masculin. Elles acceptent ainsi la position de dominée ; elles n'osent pas se mettre dans une position dominante parce que cela risque de les placer en porte-à-faux par rapport aux garçons, de compromettre leurs bonnes relations avec eux. Quand elles sont dans des groupes non mixtes, elles obtiennent de bien meilleurs résultats dans ces matières.

Les stéréotypes persistent parce qu'on veut plaire à l'autre sexe. Et il est plus facile de réussir là où on est attendu : or on attend plus d'un garçon qu'il réussisse en maths qu'en français. Quant aux filles, elles se mettent dans cette position d'infériorité parce que, inconsciemment, elles pensent que c'est ce qu'on attend d'elles.

C'est un sujet tabou en France, où la mixité et l'école républicaine sont étroitement liées, et où la mixité à l'école est obligatoire depuis la loi Haby, en 1975. Il faudrait cependant prendre en compte la différence des sexes dans l'enseignement, non pas dans les potentialités (filles et garçons ont les mêmes capacités intellectuelles), mais dans les modalités d'apprentissage. Garçons et filles n'apprennent pas de la même manière, ne se motivent pas de la même manière, n'ont pas les mêmes attentes. Et cela non pas en raison d'une hypothétique « nature », mais à cause des stéréotypes qu'ils et elles ont intégrés. Il ne s'agit pas de reproduire un enseignement calqué sur ces stéréotypes sexués, mais au contraire de les renverser en utilisant justement des cours séparés, dans certaines disciplines, peut-être pas toute l'année, mais de façon ponctuelle. Il faudrait former les enseignants à une méthode d'enseignement spécifique aux filles et aux garçons. Or les enseignants ne sont pas du tout préparés à cela, et en tant qu'adultes ils réagissent avec leurs propres bagages. Notamment, des études chronométrées en France et aux États-Unis ont montré que les garçons sont davantage interrogés par les enseignants des deux sexes, qu'on leur donne davantage la parole et qu'on les laisse la garder plus longtemps, de même que sur les copies ils sont davantage encouragés à se dépasser alors qu'on laisse les filles se contenter du minimum.

Par exemple, je m'en rends compte dans mes classes, il faut souvent secouer les filles et leur faire prendre conscience qu'elles sont capables et qu'il faut qu'elles se dépassent. Le problème de certaines filles qui ne sont pas très bonnes élèves, c'est qu'elles sont souvent très calmes et effacées en cours – on finit par les oublier et on ne réagit pas à leur encontre, on ne va pas les pousser dans leurs retranchements. Alors que les garçons en difficulté scolaire sont assez remuants, turbulents, on va chercher des qualités chez eux, on va chercher à les faire réagir, à les faire raccrocher aux wagons.

Le grand apport de la mixité, c'est qu'elle a pu montrer que les filles, du début à la fin du cursus scolaire, sont meilleures que les garçons. Mais il apparaît d'autant plus paradoxal que, malgré les bons résultats des filles, ce soit les garçons qui à la fin du cursus scolaire s'orientent vers les filières les plus prestigieuses, les grandes écoles, même si elles sont parfois au-dessus de leurs capacités scolaires. Les filles choisissent généralement des filières littéraires sans grands débouchés, ou des filières courtes de type BTS, qui ne mènent pas à des carrières prestigieuses. Cela vient d'un manque d'estime de soi des filles, parce qu'elles n'ont pas été éduquées à la notion de réussite, de dépassement de soi. Quand un garçon tombe, on lui dit toujours : « Relève-toi, sois courageux, de toute façon il faudra bien que tu apprennes à te débrouiller dans la vie, etc. » Les filles ont été plutôt imprégnées de valeurs dites humanistes, altruistes, elles sont davantage tournées vers les soins aux autres, tout ce qui est social, relationnel, ce qui est positif en soi. Si nous vivions dans une société régie par ces critères humanistes, tout irait bien pour les filles. Or nous vivons dans une société capitaliste, donc le modèle dans lequel les garçons sont éduqués est plus efficace.

Ne peut-on intervenir au moment de l'orientation scolaire ?

Généralement, les parents et les élèves proposent un choix d'orientation, et le conseil de classe décide si oui ou non il correspond à leur niveau. Il y a parfois des discussions sur des cas limites, quand un mauvais élève fait des choix d'orientation pour lesquels il n'a pas le niveau requis. Mais il arrive aussi qu'une fille ait décidé de faire un BEP de coiffure alors qu'elle aurait pu faire un bac économie respectable, et on la laisse faire. Il n'y a pas de mal à vouloir être coiffeuse, mais les choix d'orientation des filles en milieu populaire sont très souvent des choix liés à l'esthétique, ou au sanitaire et social, parce qu'elles n'osent pas ou ne pensent pas prétendre à plus. Il faudrait avoir de vraies discussions en amont avec les filles et leurs parents : « Que veux-tu faire ? Pourquoi t'es-tu décidée pour cette orientation ? Est-ce que tu n'as pas pensé à autre chose ? Tu veux faire aide-soignante, pourquoi ne pas essayer d'être infirmière ? Tu veux être infirmière, pourquoi ne pas essayer d'être médecin ? »

Il faut bien sûr aussi mener ces débats avec les garçons mais, à l'inverse, pour les orienter vers des choix plus pragmatiques, quand ils se surestiment et demandent à passer en S sans avoir les capacités de réussir.

Les enseignants sont formés à beaucoup de choses, mais pas à la problématique de l'identité des sexes comme un des paramètres de l'orientation. On ne se dit pas : « Elle n'ose pas demander ça parce qu'elle est une fille et parce qu'une fille de milieu populaire a du mal à espérer plus. » Les parents, même s'ils pensent faire ce qui est le mieux pour le bien de leurs enfants, ne se rendent pas non plus compte des mécanismes inconscients qui se jouent derrière ces décisions et de la reproduction des schémas.

Le propos n'est pas de culpabiliser les professeurs ou les parents, mais de mettre en place des politiques de sensibilisation. Ces questions-là devraient être traitées au niveau des rectorats et du ministère, et de façon beaucoup plus active qu'aujourd'hui : cela éviterait l'engorgement dans certaines filières, cela permettrait d'envoyer des gens vers des filières techniques intéressantes où l'on manque d'employés, de relever le niveau des filières scientifiques, aussi. Si on envoyait les filles dans les grandes écoles scientifiques, le niveau ne s'en porterait que mieux. Il est quand même impensable de laisser les meilleurs éléments – les filles – passer à côté des voies d'excellence ! Ne serait-ce qu'en termes pragmatiques de « rentabilité » et de « retour sur investissement » pour l'Éducation nationale, ce n'est pas très judicieux. Ce sont ces bon(ne)s élèves qui devraient par la suite diriger les entreprises, les hautes fonctions de l'État, etc.

Sur quoi aimeriez-vous attirer l'attention des jeunes filles – ou des jeunes garçons – d'aujourd'hui ?

Il faut garder l'esprit critique, ne pas tout prendre pour argent comptant, et questionner ce qui apparaît toujours comme le plus évident, le plus « naturel ». Est-il naturel de vouloir ressembler à une fille de 1,80 m pesant 52 kg ? Toutes ces choses qu'on nous dicte comme étant la vie normale, est-ce vraiment ce que l'on désire et qui est le mieux pour nous ?

Vis-à-vis de ces médias qui sont aussi présents, aussi attirants, parfois même enrichissants, drôles souvent, qui permettent de vivre avec les copains et les copines, il faut savoir garder la tête froide. Il faut se demander si l'on adhère vraiment aux messages qu'ils véhiculent ou si on les accepte pour être seulement avec les copains.

On peut se construire autrement, on peut se nourrir d'autre chose que des médias – il n'y a pas que la musique, la chanson ou la télé dans la vie.

On peut devenir un adulte épanoui, quelqu'un de bien, d'intéressant et d'intégré dans un cercle d'amis de toutes sortes de manières.

Par exemple il y a le sport, à condition de faire le sport qu'on a vraiment envie de faire et pas celui qu'on était obligé de faire quand on avait 5 ans – les vieux stéréotypes que sont la danse pour les filles et le foot pour les garçons. Grâce à la pratique sportive – seul ou en équipe –, on acquiert un autre rapport au corps, une autre estime de soi, une autre image de soi. On prend ainsi conscience des espaces de vie dans lesquels on peut exister autrement que dans la nécessité de plaire. C'est extrêmement important : cela donne une liberté de mouvement, d'action, d'être qui est énorme.

Il y a aussi la musique – pas seulement celle qu'on écoute et consomme, mais aussi celle qu'on peut produire soi-même. L'engagement dans une association, la lecture, le rapport à la nature, quand on a la chance de vivre pas trop loin de la campagne et d'aller faire un peu d'introspection en marchant dans la forêt, cela peut apprendre beaucoup de choses sur soi. Prendre du temps sans la télé, sans le MP3, du temps pour soi, pour apprendre à se connaître, pour savoir qui l'on est, ce qu'on veut, avec quoi on est ou non d'accord.

Il est impossible de se couper de tout, et ce ne serait pas forcément profitable non plus. L'essentiel est de cesser d'être la cible passive de tous ces messages préfabriqués. On peut trouver une manière à soi de construire son existence, même si on doit être à contre-courant par moments, même si on a l'impression qu'on aura moins de copains pendant un certain temps : ils changeront car on change tout le temps d'avis, donc autant être soi. Il ne faut pas hésiter à sortir du rang et à être réellement soi. On ne peut pas tout sacrifier à l'intégration sociale : les vrais copains, ce sont ceux qui resteront avec vous quoi qu'il arrive.

Entretien avec Christine Bard, historienne

Professeure d'histoire à l'université d'Angers, Christine Bard est spécialiste de l'histoire contemporaine des femmes et du féminisme. Le choix de cette recherche correspond pour Christine Bard à un engagement féministe et, plus généralement, contre toutes les discriminations. Elle a fondé l'association Archives du féminisme en 2000, ainsi qu'un musée virtuel, Musea, dédié à l'histoire des femmes et du genre. Depuis quelques années, elle étudie la perception du corps et du vêtement à travers le temps. Elle a publié en 2010 aux éditions Autrement

Ce que soulève la jupe, *et, aux éditions du Seuil,* Une politique du pantalon, *où elle analyse la relation entre le vêtement et le genre : le pantalon, autrefois réservé aux hommes, a été adopté par les femmes dans les années 1960, avant de devenir un vêtement presque obligé pour les collégiennes. Au point que des filles – soutenues par l'association Ni putes ni soumises par exemple – revendiquent le port de la jupe et le droit d'être « féminines » comme l'expression de leur liberté et d'une résistance au sexisme. Elle s'interroge aussi sur la mode des jupes pour hommes, qui a encore bien du mal à s'imposer.*

En tant que spécialiste d'histoire contemporaine, avez-vous l'impression que la condition des femmes régresse en France actuellement ?

Il est difficile d'avoir un avis général : une régression dans quel domaine ? L'éducation ? La culture ? La politique ? La vie quotidienne ? Le sport ? Le droit ? Il y a tellement d'espaces où l'égalité et la liberté des filles sont en jeu ! Et pour qui ? Les différences entre femmes sont immenses, avec des fossés culturels et sociaux vertigineux.

Si l'on prend en compte l'évolution sur la longue durée, nous sommes en train de vivre une révolution depuis les années 1960 : une suite de transformations rapides et profondes. Le XXe siècle, c'est le siècle de l'égalité des sexes. La révolution n'est pas achevée mais elle est en cours et on a du mal à imaginer un retour en arrière – comme celui qui a eu lieu dans les années 1930 et 1940, avec la crise économique, la montée des fascismes, le nazisme. Les idées d'égalité sont désormais ancrées dans notre culture. La conscience du sexisme est plus forte grâce au travail féministe de certaines associations, comme les Chiennes de garde, la Meute, par rapport à la publicité, etc.

La condition des femmes est en étroite corrélation avec les crises que traverse la société dans laquelle elles vivent. Le contexte économique est aujourd'hui très inquiétant quand on sait que les femmes sont les premières touchées par le chômage, les bas salaires, les emplois précaires... Certains mouvements réactionnaires remettent alors en cause leur place dans le monde du travail et réclament leur retour à la maison. Cependant, depuis les années 1960, que la situation économique soit bonne ou pas, les femmes se maintiennent sur le marché du travail, malgré le chômage de masse.

Dans les pays confrontés à des situations de guerre, les femmes sont aussi les premières victimes civiles : des restrictions alimentaires – on a connu ça en France pendant les deux guerres mondiales (quand la viande était rare, on la réservait souvent aux garçons) – ou des violences (le viol notamment).

Notons aussi ces dernières années la montée des intégrismes religieux correspondant à des tendances politiquement très conservatrices. L'impact sur la condition des femmes est énorme, dans plusieurs pays où l'islamisme domine ou exerce une influence. Les intégristes chrétiens, aux États-Unis notamment, sont également hostiles à la liberté des femmes, notamment sur le plan sexuel, et se battent, parfois les armes à la main, contre le droit à l'avortement. La politique et la religion se mélangent dans ces mouvements qui, au nom de Dieu, défendent une vision archaïque des relations hommes/femmes. En Iran, la mise en application de ces idées conduit à la barbarie : femmes adultères lapidées, homosexuels pendus, opposants politiques exécutés...

La mondialisation exige de nous une réflexion sur les droits des femmes dans le monde entier et pas seulement en France. Au niveau de l'ONU, c'est une question à l'ordre du jour depuis 1975. Dans ce domaine, l'Europe est certainement la force la plus progressiste dans le monde. Et, dans cet ensemble européen, l'expérience française de la laïcité est assez unique.

Votre livre Ce que soulève la jupe décrit la pression qui s'exerce dans certains collèges ou lycées, où les filles qui osent porter des jupes, même longues, sont traitées de « putes » par leurs camarades masculins. N'y a-t-il pas là une profonde haine des femmes ?

Oui, et surtout une grande peur de la sexualité, du désir. Comme si le corps féminin – mais aussi masculin – n'avait pas le droit d'exercer son pouvoir de séduction. La misogynie, en ce sens, est liée à l'homophobie, puisque les femmes et les homosexuels seraient les seuls soucieux d'assumer leur part de séduction. Beaucoup de garçons se voient sujets et non objets du désir. Certains se comportent en conquérants, voire en prédateurs. Il faut réfléchir à ce qui fabrique leur misogynie, qui s'exprime le plus ouvertement par des violences verbales ou physiques.

Cette menace pèse sur la vie des jeunes filles et entraîne toutes sortes de calculs de risques, par exemple sur ce qu'elles peuvent ou non porter comme vêtements, à quelle heure, dans quelles circonstances, etc. Mais y a-t-il une relation entre la manière de s'habiller et le viol ? En l'état de mes connaissances, non. Les procès pour viols montrent que dans bien des cas la victime connaît son violeur, souvent un familier, et qu'il y a également des victimes de tous âges ayant les goûts vestimentaires les plus divers.

Certes, en s'habillant « sexy », les jeunes filles se feront sans doute draguer ou insulter. Par leurs apparences, la plupart des adolescentes expérimentent, « testent » leur rapport avec les hommes, cela fait partie des apprentissages. La parure, par laquelle s'exprime visiblement le désir de séduction – hétérosexuelle ou homosexuelle –, est un des plaisirs de la vie et des échanges entre les humains. C'est pourquoi il est important de résister à l'ordre moral que voudraient faire régner les petits et grands mâles dominants ! Les institutions telles que l'école peuvent également être tentées par une régulation autoritaire, par les interdits plutôt que par le dialogue. Tout récemment, à Toulouse, une jeune fille a été punie pour avoir porté une jupe trop courte à l'école. Son père l'a défendue en demandant si elle devait mettre une burqa...

Pas assez de pudeur pour les uns, trop pour les autres... L'histoire montre que c'est généralement par la réglementation des apparences – longueur de la jupe, des manches, voile, etc. – que l'on contrôle les filles. Ce contrôle a une visée sexuelle : il s'agit de les conduire « pures » au mariage. Or, depuis les années 1960, ce modèle explose. Les jeunes filles ont une vie amoureuse et sexuelle. Elles veulent séduire. Pas forcément selon les diktats de la mode. Souvenons-nous des hippies des années 1960-1970 qui créent un autre rapport au corps, au vêtement, ainsi qu'un style de vie alternatif. L'important est la liberté du choix sans avoir à craindre le jugement d'autrui. Les garçons sont aussi concernés. Certains se font renvoyer de l'école ou de leur travail parce qu'ils portent un vêtement non conforme : bermuda ou jupe. Vêtement jugé incorrect et, pour la jupe, non conforme au genre masculin. Cette restriction de la liberté est à mon avis très regrettable et injuste, mais on voit bien qu'elle soulève moins de problèmes que les apparences des femmes, systématiquement reliées à la sexualité. Ce qui n'est pas perçu, c'est que cette phobie du « corps paré » féminin repose aussi sur l'idée que les désirs masculins sont forcément hétérosexuels, violents, irrépressibles, ingérables... L'histoire de la mode des seins nus à la plage montre au contraire qu'après un petit temps d'adaptation les hommes ont appris à se comporter de manière respectueuse.

Comment définir la féminité ? D'après le sociologue Pierre Bourdieu, « être féminine », c'est essentiellement « éviter toutes les propriétés et les pratiques qui peuvent fonctionner comme des signes de virilité ». Ce qui veut dire qu'on ne pourrait la définir que comme l'inverse du masculin. Mais souvent on associe féminité et séduction, parure. Qu'en est-il ?

Qui va avoir à juger de la féminité ? Dans les magazines, le qualificatif de « féminin » passe beaucoup par les apparences. Le choix des orientations professionnelles est aussi très dépendant de ce que l'on se représente comme étant des filières d'études ou des métiers pour les femmes : tout ce qui est lié au corps, à l'éducation, est associé à des qualités traditionnellement considérées comme féminines : l'altruisme, le désintéressement, le rapport aux enfants... Après, le genre est vécu à un niveau très intime : on peut se sentir féminin alors qu'on est un garçon, masculine quand on est une fille, à des degrés divers. C'est une question très importante pour les adolescents. Mais il faut bien être conscient que ce que nous appelons féminité et masculinité ne sont que des conventions, objets de fortes critiques.

Le genre est aussi un produit de consommation. Être féminine, c'est être une consommatrice avertie qui consent à un certain nombre de dépenses pour se conformer à un modèle. Le goût de plaire et la soumission à une certaine image sont les deux faces d'une même question.

Comment la société de consommation s'immisce-t-elle dans le désir de plaire ?

Le désir de plaire est central dans l'envie de consommer, toute la publicité est là pour nous le prouver. En France, les images publicitaires jouent beaucoup plus qu'ailleurs sur l'érotisation des apparences féminines. On en a même fait à partir des années 1990 un pouvoir, le *girl power*. Dans les années 1950, il y avait déjà toute une imagerie sexy, mais on n'aurait pas songé à dire que la féminité, c'est être sexy comme une pin up. L'érotisation des apparences dans la mode à partir des années 1990 permet de vendre des vêtements, des services, des soins de beauté, dont les femmes des années précédentes se passaient parfaitement.

L'épilation en est un bon exemple. Depuis dix ou vingt ans, notre société devient pilophobe :

elle connaît le dégoût du poil. Les films pornos montrent des actrices totalement épilées. Les adolescents auraient-ils d'autant mieux adopté cette pratique que leur pilosité, récente, les gêne ? Quoi qu'il en soit, même si chaque génération veut se différencier de la précédente, un besoin est ici créé. L'épilation intégrale est de plus en plus pratiquée par les filles pour plaire à certains garçons. Quant aux garçons, ils sont eux aussi soumis à la pression d'une norme qui les veut musclés, bronzés, sveltes, sportifs et de plus en plus épilés eux aussi.

La vente des produits amincissants ou rajeunissants donne également un indice fort de la dépendance des femmes à la consommation. La pression esthétique est forte parce que notre société reste intolérante à la diversité des corps et associe la beauté à un ensemble de valeurs morales très positives.

Finalement, les contraintes sur le corps que l'on croyait levées ne font que revenir sous une autre forme ?

Oui, au point qu'on a fini par se demander si l'abandon du corset dans les années 1920 était ou non une libération. La réponse semble pourtant évidente quand on sait les souffrances qu'il causait, allant jusqu'à la déformation de la cage thoracique quand il était très serré. La société de consommation jouait déjà : il existait toute une industrie du corset, avec une gamme qui n'oubliait ni les femmes enceintes ni les nageuses. Et depuis la fin du XIXe siècle ce vêtement n'était plus réservé à une élite : les femmes les plus modestes voulaient ressembler aux bourgeoises et portaient un corset pour avoir elles aussi un corps galbé en forme de 8.

Les années 1920 abolissent ce « carcan », avec la conviction de « libérer » le corps des femmes. Or, en même temps que disparaît le corset, la minceur leur est imposée : le modèle valorisé est alors un corps musclé en finesse, longiligne, bronzé, sans poitrine et sans hanches… Cette nouvelle contrainte provoque d'énormes changements dans les comportements féminins : autocontrôle, régimes, consommation de produits amincissants, préoccupation obsessionnelle du poids. Le corset semble alors intériorisé.

L'image de la femme mince évoque la modernité. À la femme plus ronde, celle qui avait eu des enfants, pas toujours désirés, qui restait à la maison, sans exercice physique, qui ne contrôlait pas ses pulsions, est associée l'image de la femme traditionnelle. La minceur évoque également la jeunesse : rester jeune devient une forme d'obsession au XXe siècle.

L'accès de plus en plus jeune à la pornographie de masse a-t-il changé la perception des relations amoureuses chez les adolescents ?

Il y a toujours eu une curiosité enfantine pour la sexualité, et elle était autrefois assez facilement satisfaite. À la campagne, la reproduction animale pouvait être observée ; et l'exiguïté des habitations était peu propice au secret. Ainsi, les enfants savaient que les garçons ne naissaient pas dans les choux et les filles dans les roses. Certain(e)s découvraient la sexualité de manière précoce, imposée par un adulte ou un adolescent. Les jeunes filles d'hier n'étaient donc pas des oies blanches, sauf dans des milieux privilégiés ou très religieux, qui s'efforçaient d'élever les filles dans des bulles protectrices. Les filles du peuple, qui n'avaient d'ailleurs pas droit à l'appellation de « jeunes filles », perdaient souvent leur virginité avant le mariage.

Ce qui a changé récemment est sans doute la diffusion massive de la pornographie qui participe désormais à l'éveil et à l'éducation sexuels des adolescents, et sans doute aussi de certains enfants. Regarder des films ou des images pour s'exciter seul ou lors d'un rapport amoureux n'a rien de problématique en soi. Mais que l'élément excitant soit systématiquement la domination et la violence à l'égard des femmes, l'usage de termes sexistes de type « chienne » ou « salope », cela change tout. Et pourtant... bien des femmes consomment aussi ces images et parviennent à y trouver du plaisir. La domination masculine a été un modèle d'érotisme, y compris pour les femmes. Cette vision est le reflet de l'état de notre société pour le moment. Sans doute y a-t-il des manières plus satisfaisantes de nourrir notre imaginaire érotique. La diversité des traditions dans ce domaine mérite d'être explorée, à commencer par le *Kamasutra*.

En outre, si cette vision de la pornographie est avilissante pour les femmes, elle n'est pas non plus sans conséquences pour les hommes, qui ne peuvent que mesurer l'écart entre leur expérience, leur corps et ce qui est montré à l'écran. Les adolescents souffrent d'ailleurs de cette comparaison de performances sexuelles plus ou moins réelles. Il en résulte parfois des problèmes d'impuissance, de confiance en soi et donc d'abstinence. Cela limite leur plaisir sexuel à certaines pratiques assez basiques.

L'éducation sexuelle est nécessaire. Actuellement, elle est très mal faite, sauf quand les établissements autorisent des associations telles que le Planning familial à la faire. Les jeunes sont également destinataires de messages de prévention, en particulier sur le risque des maladies sexuellement transmissibles. Les ados aiment rarement parler de sexualité avec des adultes, même si ceux-ci sont ouverts et tolérants. Ils ont leur vie à eux, et cette vie a aussi une dimension érotique, des partages, des témoignages, des discussions que nous, adultes, ne connaissons pas.

La mixité est-elle nécessaire dans la lutte contre les ségrégations sexuelles ?

Pour les jeunes filles d'aujourd'hui, la mixité est une valeur très importante. Si, à certains moments, dans certains espaces, la non-mixité peut rendre service aux garçons ou aux filles, pourquoi pas ? Mais si les jeunes filles bloquent sur le mot « féminisme », c'est parce que, dans leur esprit, il semble impliquer le rejet des hommes. Cette image du féminisme ne correspond pas à la réalité et, à mon sens, le féminisme est aussi porté par les hommes conscients du sexisme et déterminés à le combattre.

Filles et garçons, hommes et femmes vivent ensemble, quels que soient les choix de vie – vivre seul, vivre en couple hétérosexuel ou homosexuel, avec ou sans enfants –, on est de toute façon dans une société mixte. On a tout intérêt à être à l'aise les uns avec les autres et à travailler sur les sujets les plus sensibles. C'est un vaste chantier qui s'ouvre...

Prenons l'exemple de la violence masculine : très peu d'hommes s'engagent dans la réflexion et l'action sur cette question. Pourtant, si l'on se risque à une analogie avec le racisme, on peut constater que, en France par exemple, les luttes contre le racisme ont été aussi menées par des personnes qui n'étaient pas personnellement victimes de discrimination, de rejet, de haine sur la base de la couleur de leur peau. Comment se fait-il que si peu d'hommes se mobilisent contre les violences faites aux femmes et que le viol soit considéré comme un banal fait divers, sans voir que dans le viol il y a la dimension de la domination et tout un environnement culturel qui le rend possible ? De la même manière qu'il faut s'acharner à vouloir une société ayant éradiqué toute discrimination raciale, il faut imaginer une société où le viol n'existerait plus. Renoncer, ce serait revenir aux vieilles explications qui dédouanent les hommes parce qu'ils seraient animés par des pulsions irrépressibles, victimes de leurs hormones, violents par nature. Si on n'a pas envie de ces explications faciles, il faut réfléchir sérieusement, et je n'imagine pas une réflexion sur ce sujet sans y inclure les hommes. C'est le cas au Québec, qui a quelques longueurs d'avance sur la France. Y existent des mouvements d'hommes proféministes que l'on peut découvrir, ainsi que leurs adversaires, dans le film récent de Patric Jean, *La Domination masculine*.

Comment voyez-vous le féminisme aujourd'hui?

Dans les années 1970, les féministes donnaient la priorité à l'analyse de la situation des femmes et beaucoup choisissaient la non-mixité dans leur militantisme. Par conséquent, les recherches sur la masculinité sont encore rares. Or nous en avons besoin, en particulier pour faire avancer l'égalité entre les sexes aujourd'hui : ce n'est plus une question de droit, mais de politique (à tous les niveaux du politique), pour avancer vers l'égalité (des salaires en particulier : la misère des retraites féminines est scandaleuse), et de pratiques, dans la vie quotidienne, à la maison, face aux tâches ménagères notamment.

Je reviens donc à la masculinité. Les hommes ont des questions à se poser sur leur rapport à l'amour, à la paternité, à la carrière professionnelle, au pouvoir... Il est aussi important de pouvoir mesurer le coût du modèle viril pour les garçons. Ce coût est à mon avis énorme et complètement sous-estimé par eux. Si les femmes ne sont pas toujours conscientes des inégalités qu'elles subissent, les hommes ne sont pas toujours conscients de ce qu'ils ont intériorisé et de ce qu'ils ont à gagner dans l'abandon des modèles « virils ». Par exemple, les risques qu'ils s'infligent pour être à la hauteur du modèle casse-cou : à l'adolescence, le taux de mortalité des garçons est supérieur à celui des filles à cause des risques qu'ils prennent dans les sports qu'ils pratiquent, dans la consommation de substances dangereuses, etc. Ils font courir des risques aux autres et à eux-mêmes ; ils s'exposent à des accidents invalidants.

Autre modèle qu'ils doivent vraiment remettre en question : celui du couple inégalitaire, traditionnel, où l'homme est le pourvoyeur des ressources pour toute la famille, tandis que la femme reste à la maison et élève de nombreux enfants. Ce modèle n'épanouit ni les uns ni les autres. Mais il faut bien noter que les contraintes ne pèsent pas de la même manière sur les filles et les garçons, en position dominante.

Le féminisme n'est pas seulement l'affaire des femmes. Dans le passé, des hommes se sont battus pour le droit des femmes : droit de voter, de travailler, de divorcer... Pendant longtemps, le pouvoir a été exclusivement masculin. Le concours des hommes était et reste nécessaire pour changer la loi. À l'époque où Simone Veil, ministre de la Santé, a proposé la loi sur l'IVG, il n'y avait que 2 % de femmes au Parlement...

Comment « enseigner » l'égalité ?

Il y a de multiples manières de le faire. Le rôle de l'école est tout à fait officiellement de développer l'esprit critique à l'égard de stéréotypes de genre. Travailler sur les magazines « féminins » et « masculins » est à cet égard très instructif. Réaliser des entretiens avec des personnes âgées sur ces questions-là, sur l'évolution qu'elles ont connue peut être intéressant. Pour ce qui concerne l'histoire enseignée, elle est loin d'être mixte. Il ne faut pas se contenter d'un simple ajout dans un manuel – quatre pages sur la condition des femmes ouvrières au XIXe siècle ou sur les femmes pendant la Première Guerre mondiale. En faisant cela, on n'ouvre que quelques dossiers et l'on oublie de se demander à chaque page : qui fait l'histoire ? Qui agit ? Quand on parle des ouvriers, s'agit-il d'ouvriers ou d'ouvrières ? Sont-ils dans les mêmes industries, ont-ils les mêmes salaires, la législation est-elle identique pour les uns et les autres ? En négligeant ce questionnement-là, on en arrive à des erreurs historiques énormes, comme affirmer que les femmes ont commencé à travailler en 1914-1918. Elles ont toujours travaillé. Et beaucoup plus dur que les hommes... Moins spécialisées qu'eux, elles ont dû s'adapter à une multitude de tâches. À la campagne, les paysannes devaient travailler dans la maison et ses environs (jardin, étable, poulailler, etc.). En lisant les manuels, on oublie tout simplement que les femmes forment la moitié de l'humanité.

Quant à la mémoire nationale, elle ne valorise que les « grands hommes ». Marie Curie entrée au Panthéon en 1995 est une exception. Si l'histoire était enseignée autrement, en intégrant les recherches menées depuis les années 1970, les filles et les femmes auraient une autre vision de ce qui est possible pour elles. Dans le passé, les femmes se demandaient aussi si elles pouvaient sortir du moule et contester les normes. Beaucoup d'entre elles se rebellaient et voulaient créer leur vie, agir et penser librement. En s'affirmant ainsi, elles n'étaient pas forcément candidates au martyre et se félicitaient d'être sorties du « droit chemin ».

Quel conseil donneriez-vous aux adolescentes d'aujourd'hui ?

Ayez confiance en vous. Les filles ont très souvent un déficit d'estime d'elles-mêmes – comme leur mère, leurs grands-mères, etc. –, alors que les garçons au contraire se surestiment (ils auraient intérêt à en prendre conscience, pour s'améliorer). Par conséquent, les garçons ont des ambitions que les filles ne développent pas car elles doutent souvent d'elles-mêmes. On a répété pendant des siècles aux femmes qu'elles devaient être modestes, effacées, qu'elles devaient éviter la sphère publique. Comment s'étonner qu'aujourd'hui encore beaucoup d'entre elles rougissent, bafouillent, tremblent, si elles doivent prendre la parole en public, ou préfèrent s'abstenir ? Certains garçons présentent la même anxiété, mais pas dans les mêmes proportions.

Il est certes possible de tirer profit de cette éducation « féminine » : savoir douter de soi est aussi une qualité. La modestie peut être une manière de garder sa lucidité. Je ne dis pas aux filles : « Faites comme les garçons, surestimez-vous. » Ce n'est pas non plus le narcissisme bébête face au miroir. L'essentiel est que le doute n'empêche pas de mobiliser les forces que l'on a en soi. Il faut assumer d'être ce qu'on est, défauts et qualités. Pour se construire, le sport peut être une aide : je remarque une grande différence entre les filles qui ont fait beaucoup de sport – et jouissent d'une plus grande confiance en elles – et les filles qui n'en ont pas fait.

Les professeurs ont aussi un rôle à jouer en encourageant les filles d'une manière spécifique. J'ai remarqué que, même dans mes cours d'histoire des femmes (au niveau master), les garçons parlent plus et plus longtemps que les filles !

Le manque d'estime de soi peut avoir des répercussions plus graves. Par exemple, certains hommes peuvent chercher à exploiter certaines femmes dont la fragilité psychologique est très perceptible. Ils pensent pouvoir ainsi exercer leur violence plus facilement, sans risques. Il faut réfléchir au rapport entre genre et violence : les filles aussi sont violentes, mais elles retournent souvent la violence contre elles-mêmes, contre leur corps notamment.

En attendant que l'on écrive une histoire mixte, quels modèles permettraient aux filles de se construire autrement ?

Je ne peux répondre que de manière subjective. Chacune bricole – j'imagine – son petit panthéon personnel en fonction des modèles disponibles dans sa culture. L'observation des modèles ou contre-modèles présents dans l'entourage permet de faire un marché de proximité : une sœur aînée, une grand-mère, une prof, une voisine... peuvent aider à se construire. Il est plus féminin que masculin d'aller chercher des modèles dans les lectures. Les héroïnes qui me plaisaient lorsque j'étais enfant étaient souvent enquêtrices et venaient à bout d'épais mystères. Le travestissement – tradition littéraire qui remonte à la fin du Moyen Âge – inspire des histoires merveilleuses de filles qui prennent l'identité de l'autre sexe et accomplissent des choses courageuses et extraordinaires interdites aux filles ordinaires, qui ne peuvent pas, elles, montrer ce dont elles sont capables et doivent se contenter de vies ennuyeuses. À l'adolescence, j'ai adoré la prose sensuelle de Colette, qui jouait beaucoup avec la transgression des interdits. C'est l'âge aussi auquel on peut découvrir des figures plus politiques. Certaines biographies de féministes sont passionnantes : Olympe de Gouges, auteure de la *Déclaration des droits de la femme et de la citoyenne* en 1791 en même temps qu'active militante contre l'esclavage ; George Sand, qui a su s'imposer dans le monde masculin des lettres ; Flora Tristan, qui voulait associer l'émancipation des femmes et celle du prolétariat ; Louise Michel la Communarde, ou, moins connues, Hubertine Auclert, la première suffragiste (qui a lancé le combat pour le vote des femmes), ou la journaliste Marguerite Durand (qui avait créé un quotidien féministe, *La Fronde*, en 1897), jusqu'à des contemporaines comme Simone Veil, ancienne présidente du Parlement européen, ou l'avocate Gisèle Halimi...

Les modèles donnés aux enfants ou aux ados sont quasiment tous masculins. Ce déséquilibre est tout à fait nocif. Mais il est important que les filles admirent aussi des hommes. Je me suis construite avec des admirations immenses pour Martin Luther King, Gandhi, les résistants – sans que je sache vraiment à l'époque qu'il y avait aussi des Lucie Aubrac... Quand on est une fille, on peut s'identifier à des hommes. D'ailleurs, avons-nous le choix ? Au cinéma, si l'on aime les films d'action, comment se reconnaître dans la potiche que l'on voit cinq minutes en position horizontale ?

Les garçons pourraient aussi s'identifier à des filles ou des femmes, mais ils le font rarement. Certains, j'en suis sûre, rêvent de mettre des talons hauts, de se maquiller et de danser comme Madonna... Il faudrait valoriser cette possibilité d'identification mixte qui nous permet de ne pas être enfermé dans un genre et de développer notre esprit critique sur les conventions sociales qui définissent les genres féminin et masculin. Cette critique est nécessaire. La destruction des stéréotypes sexistes (mais aussi racistes, homophobes, etc.) est une tâche politique de toute première importance. Mais, parallèlement à la déconstruction, il faut aussi penser à (se) construire et, pour cela, l'histoire nous offre de belles figures d'hommes mais aussi de femmes qui ont participé aux progrès de l'humanité et peuvent aujourd'hui encore inspirer notre réflexion et notre action. Cela ne suffit pas, bien sûr. L'avenir dépend aussi de l'imagination et de la créativité des nouvelles générations.

Entretien avec Marie Duru-Bellat, sociologue

Sociologue, spécialiste des questions d'éducation, Marie Duru-Bellat *est professeure à l'IEP (Institut d'études politiques) de Paris et chercheuse à l'Observatoire sociologique du changement, à l'Institut de recherche en éducation (IREDU-CNRS). Elle travaille sur les politiques éducatives, les inégalités sociales et sexuées dans le système scolaire, en France et en Europe, et sur la « méritocratie ». Elle a été membre du Haut Conseil pour l'évaluation de l'école (2000-2004).*
Elle a publié L'École des filles. Quelle formation pour quels rôles sociaux?

chez L'Harmattan en 2004 (2e édition revue et actualisée, après une 1re édition en 1990), dans lequel elle étudie, en se fondant sur de très nombreuses analyses, la fabrication des comportements stéréotypés pour les garçons et les filles, et ce dès la petite enfance; elle interroge également un système scolaire et universitaire qui tend à perpétuer la division sexuée des compétences et des métiers, et anticipe un monde d'adultes – professionnel et familial – lui-même profondément sexué. Elle s'est penchée sur ces questions par sensibilité féministe bien sûr, mais aussi après avoir constaté que la sociologie française, si prolixe sur les inégalités sociales, était curieusement muette sur les inégalités entre hommes et femmes. Son pari était d'en proposer une analyse aussi rigoureuse que dans n'importe quel autre domaine de la sociologie, tout en s'attaquant à des questions lourdes d'enjeux sociaux et politiques.

Comment pourrait-on définir la féminité aujourd'hui ?

Pas plus qu'autrefois, la féminité ne se définit aujourd'hui par le goût de l'apparence ou par certaines qualités qui seraient propres aux femmes (comme le respect de la vie, l'écoute, la sensibilité). Ces traits que l'on désigne comme « féminins » sont des modèles en fonction desquels on continue de conformer les femmes depuis l'enfance. Ils sont appris, ils ne font pas partie d'une « essence » de la femme. La biologie ne dicte pas le comportement. On n'est pas obligé de se comporter de telle ou telle manière parce qu'on est un garçon ou une fille.

Le féminin n'est ni extérieur ni intérieur. La psychologie sociale[1] nous montre que tout cela est relationnel. Le féminin est simplement ce qui n'est pas masculin (et réciproquement), et cela varie selon les lieux et les époques. Certains sociologues diront que la féminité, c'est endosser le rôle de « seconde », c'est « être au service de », parce que c'est ainsi qu'on éduque les femmes dans la plupart des pays.

De toute façon, une même personne – homme ou femme – donnera une définition d'elle-même

1. La psychologie sociale est l'étude de la psychologie humaine en relation avec le groupe.

différente selon les circonstances. Des expériences ont été menées, qui montrent que les gens ne se définissent pas du tout de la même manière selon le groupe dans lequel ils se trouvent. Si vous demandez : « Qu'est-ce qu'une fille ? » dans un groupe de filles ou dans un groupe mixte, vous n'obtiendrez pas les mêmes réponses. Même chose si vous demandez : « Qu'est-ce qu'un garçon ? » dans un groupe de garçons ou dans un groupe mixte.

Dans le groupe mixte, il se formera tout de suite deux camps : filles et garçons. Chaque fille ou garçon se définira par rapport à son groupe : « Nous les garçons, on est comme ci », « Nous les filles, on est comme ça » ; les premiers vont tenter de s'affirmer comme des leaders, les filles plus dans le *care*, le souci de l'autre – ils se conforment à ce qu'on attend d'eux. Et chacun aura toujours tendance à favoriser son propre groupe, bien que les valeurs masculines soient considérées comme toujours plus positives que celles des filles. Au contraire, dans un groupe unisexe, ça ne se jouera plus ainsi : chacun réagira davantage comme une personne.

Le même phénomène s'observe dans tout type de groupe : sportif, ethnique, socioprofessionnel. Prenez un groupe pluriethnique composé de Noirs et de Blancs ; les individus vont se définir comme membres d'un groupe par opposition à ceux de l'autre groupe, vont s'affirmer en tant que Noirs ou en tant que Blancs ; séparez-les, et ce sont les personnes qui vont ressortir.

Comment se fait-il que tant de stéréotypes subsistent alors que les femmes ont acquis des droits fondamentaux depuis les années 1960 ?

Selon certains chercheurs en psychologie sociale, plus les hommes et les femmes sont considérés comme égaux objectivement, par la loi, et ont les mêmes droits dans une société donnée, plus les stéréotypes prennent d'importance, parce que les gens éprouvent le besoin de se différencier quand même les uns par rapport aux autres. Dans les sociétés traditionnelles, la différence entre hommes et femmes est tellement incommensurable dans la répartition des rôles, elle saute tellement aux yeux – la femme n'ayant pas d'autre choix que d'être à la maison et de s'occuper des enfants, l'homme travaillant à l'extérieur et circulant librement – qu'on n'a pas besoin d'en rajouter dans les paroles ou les comportements. Dans les sociétés où les hommes et les femmes se ressemblent plus, ont des rôles sociaux moins distincts, certaines personnes ressentent le besoin de renforcer les stéréotypes pour se définir. Or les stéréotypes cataloguent, sont un corset : étant une femme, vous êtes supposée réagir d'une certaine manière, sinon vous êtes mal jugée. Par exemple, une femme qui a de l'autorité dans le monde du travail sera jugée acariâtre, dure, etc.

En outre, le masculin est toujours plus favorisé : les jeux de garçons sont adoptés par les filles et parfois préférés à leurs jeux à elles, les filles « garçons manqués » (du moins jusqu'au moment où elles veulent séduire les garçons) sont plutôt bien vues, alors que l'inverse n'est pas vrai : les parents n'aiment pas avoir un garçon qui joue à des jeux de fille, ont peur qu'il ne soit « efféminé ». Très vite, les enfants apprennent que c'est mieux d'être un garçon.

Dans ces conditions, faut-il remettre en cause l'éducation mixte ?

Selon la plupart des études pédagogiques, la non-mixité est libératrice, notamment dans le domaine scolaire. Dans un groupe mixte, par exemple, les filles vont se tenir en retrait par rapport aux garçons, elles essaieront de ne pas les « écraser » dans ce qui est supposé être leur domaine (les sciences), parce qu'elles ont peur ensuite qu'ils les rejettent. Dans un groupe unisexe, les filles n'ont plus peur d'être bonnes en maths ou en sciences ; de même, les garçons entre eux vont exprimer des sentiments dans les cours de français alors qu'ils ne le feraient pas dans une classe mixte. S'il est difficile de remettre en question la mixité scolaire aujourd'hui en France, on peut cependant créer dans certaines circonstances des groupes non mixtes afin que les individus puissent développer plus librement certains comportements non stéréotypés. Les stéréotypes de genre contraignent la liberté individuelle.

Dans la vie adulte, il y a plein d'activités où les femmes se retrouvent entre elles et les hommes entre eux, c'est un choix. On ne peut pas le leur interdire. Dans ces groupes non mixtes, certains ou certaines se sentent plus à l'aise, pour des raisons qui vont évoluer, parce qu'elles sont liées à la façon dont on est socialisé. En France, on a beaucoup de tabous en général sur ce sujet. Comme les hommes ont tendance à prendre le pouvoir et toutes les initiatives, il est bon que les femmes fassent entre elles des activités – sportives, intellectuelles, peu importe –, au moins le temps de prendre de l'assurance.

Prenons un club de vélo mixte – le vélo étant considéré comme un sport très masculin.

Généralement, les femmes ont plus d'endurance mais moins de force. Elles sont donc souvent à la traîne dans une course mixte et s'estiment incapables de réussir une épreuve sportive longue. Si vous décidez de les entraîner sans les hommes, elles pourront aller à leur allure et ne se laisseront pas décourager aussi vite. On a vu ainsi des femmes qui se pensaient systématiquement moins bonnes, qui ne se seraient jamais crues capables de faire 100 km, qui s'aperçoivent qu'avec de l'entraînement elles sont aussi performantes que les hommes. Je pense à certaines femmes d'âge mûr qui ne sont pas très sportives, ont peu confiance en elles et viennent pour faire plaisir à leur mari – elles se rendent compte au bout d'un moment qu'elles peuvent se débrouiller seules, qu'il n'est pas dans les chromosomes de réparer un pneu crevé. C'est très valorisant.

On peut tenter ce genre d'expérience plus jeune. La solidarité entre filles est importante, car on résiste mieux en groupe que toute seule. Le problème, c'est que cette non-mixité pour mieux se construire est parfois vécue par les hommes comme une agression. C'est aussi pour cela que le féminisme est perçu comme une haine des hommes.

Et que pensez-vous de la parité, notamment pour remédier à la rareté des femmes en politique ?

La loi sur la parité qui a soulevé tant de débats dans les années 1990 n'a pas eu les résultats escomptés, à part dans les conseils municipaux. Les femmes ne se lancent pas dans la politique, non par manque de formation ou par une quelconque attitude par rapport au pouvoir, mais parce que les hommes ne veulent pas leur laisser la place – c'est intéressant de faire de la politique, ça rapporte... En plus, le temps manque aux femmes pour faire de la politique, car elles ont déjà en charge leur carrière professionnelle et la famille. Si le Sénat donnait un statut de l'élu avec du temps de travail en moins, il y aurait plus de femmes en politique.

Pourquoi ne trouve-t-on que peu de femmes à des postes à responsabilités ? Parce qu'elles manquent de confiance en elles ou parce qu'il y a ségrégation ?

On a des statistiques sur les (rares) femmes qui sont à des postes à responsabilités, mais pas sur celles qui veulent y accéder. C'est toute l'ambiguïté de la notion de discrimination.

Les gens sont discriminés s'ils voulaient accéder à quelque chose et qu'ils ont été barrés. Les femmes sont-elles seulement désireuses d'accéder à ces postes à responsabilités ? Le plus souvent non car, depuis qu'elles sont jeunes, on leur apprend qu'il ne faut pas entrer en compétition avec les garçons sur leur terrain – ici, le pouvoir – ou bien elles ont des enfants. L'accès à un poste à responsabilités se prépare tout au long d'une carrière. Or ce que montrent les études sur les étudiants qui ont le même niveau de formation – les polytechnicien(ne)s ou autres élèves sortis de grandes écoles –, c'est que garçons et filles sont sur le même plan en début de carrière, mais tout a changé sept ans après : les femmes ont décroché parce qu'elles ont fait des enfants.

Il n'y a pas de discrimination à proprement parler, simplement, petit à petit, le fait d'avoir des enfants, de construire une famille va leur mettre les bâtons dans les roues. Pour faire carrière, il faut être mobile. Quand les deux membres d'un couple veulent faire carrière, ce n'est pas possible. Il y en a forcément un qui se sacrifie pour les enfants, parce que les deux ne peuvent pas être mobiles. Or dans neuf cas sur dix, ce sont les femmes.

Pourtant les femmes n'ont pas forcément conscience de subir cette situation.

Dans nos sociétés, on est censé être maître de sa vie, se « réaliser ». Personne n'aime à admettre que ses choix sont dictés par des contraintes sociales. Une des jeunes lycéennes que j'interviewais récemment me disait : « J'aurais rêvé d'être interprète, de voyager, mais avec des enfants ce n'est pas possible, donc je serai prof de langues. » Avant même d'être adulte, elle se projetait en tant que mère et se repliait sur quelque chose de plus traditionnel que l'interprétariat, sans pour autant se sentir « dominée » par sa situation de fille ou sa situation sociale. Elle acceptait comme un fait établi que c'était elle qui s'occuperait des enfants et assurerait une présence à la maison, alors que son compagnon (qu'elle ne connaissait pas encore) s'adonnerait à des activités, professionnelles ou autres, plus « extérieures ». Elle a « choisi » après avoir pris en compte des choses qui sont imposées, des « rôles sociaux », comme disent les sociologues, et envisage ce choix de repli sans forcément d'amertume.

Ce sont des « choix raisonnables », c'est-à-dire que les femmes anticipent ce qui est possible en fonction du rôle qu'elles pensent devoir tenir dans la société. Cette jeune fille qui choisit d'être enseignante, ce n'est pas parce qu'elle aime les enfants – même si on lui a sans doute appris à les aimer, parce que cet amour des enfants est un modèle présenté aux filles depuis leur plus jeune âge – mais parce que l'enseignement est une activité qui permet de mieux gérer son temps quand on a une famille. Elle a conscience que ça lui permettra de vivre correctement.

Elle n'est pas à blâmer pour autant : il faut être un peu héroïque pour sortir des sentiers battus. Toutes les filles n'ont pas vocation à être des pionnières, à choisir une profession où il n'y a pas de femmes, comme mécanique ou électricité, car elles rencontreront plus de difficultés et se retrouveront dans une situation plus délicate que si elles avaient choisi un métier bien « féminin » pour être conformes... « Orientez-vous, faites des choix originaux », disent certains profs, alors qu'eux-mêmes ont choisi un métier « conforme » : plus facile à dire qu'à faire ! En outre, il ne faut pas considérer forcément comme une ségrégation le fait de ne pas retrouver des femmes dans certains métiers : ont-elles vraiment intérêt à se diriger vers des métiers masculins très pénibles ? Être caissière n'est pas drôle, mais être manœuvre dans le bâtiment non plus (et les deux sont payés au SMIC).

Les métiers se féminisent par le haut. L'informatique, par exemple, s'est relativement féminisée – l'image se féminise, on parle des informaticiennes, et ça fait effet boule de neige. Pour les métiers les plus durs, c'est moins évident, sauf si on manque de main-d'œuvre.

Dans les choix professionnels, la question des contraintes de temps est fondamentale. Les jeunes filles que j'ai interviewées s'en rendent bien compte. Quand on leur demande quel est le critère essentiel pour le choix d'un travail, elles répondent « le temps de travail », alors que les garçons répondent « le salaire ». Le problème de ces questions, c'est que les considérations de valeur interviennent beaucoup. Certains diront que, après tout, il est sans doute plus épanouissant de s'occuper de ses enfants que d'exercer un emploi répétitif et mal rémunéré. Mais, même si c'est le cas, le prix à payer si l'on veut être mère au foyer – et il faut que les filles en soient conscientes –, c'est la perte de l'indépendance. En cas de séparation d'avec le père, et malgré les allocations familiales, la situation de ces femmes avec enfants et sans travail devient problématique. Aujourd'hui, en France, les « nouvelles pauvres » sont surtout des mères isolées. Si j'avais à élever des filles, j'insisterais beaucoup là-dessus. Même problème pour l'adoption d'un temps partiel quand on a des enfants.

Le monde du travail, à mon sens, n'est pas le cœur des inégalités, c'est plutôt le look, la sexualité, la famille. L'organisation du monde du travail en découle forcément, mais il évolue parce qu'il a des raisons objectives d'évoluer, par exemple pour des besoins de main-d'œuvre (comme en cas de guerre). Certes, il faut inciter les jeunes filles à réfléchir à ce qu'elles veulent faire plus tard, mais elles doivent encore plus réfléchir sur la séduction, le fait d'avoir des enfants, la répartition des tâches, etc.

C'est là que le conditionnement est le plus fort, selon vous ?

Très peu de gens se révoltent contre l'ordre social, la plupart n'ont pas conscience de ce conditionnement – et si c'était le cas, ils seraient sans doute très malheureux. On habille toujours ce que l'on fait en mettant en avant sa part de choix. Le triomphe de l'éducation, c'est de faire en sorte qu'on ait l'impression de faire ce qu'on veut alors qu'on est contraint à le faire.

Je ne suis pas sûre que les rapports d'inégalité entre les hommes et les femmes soient si contestés que cela. Beaucoup de choses ont changé depuis quarante ans, certes, mais le fait que l'apparence soit toujours essentielle pour les femmes et qu'on leur demande d'être avant tout pour les autres, d'être « secondes », de toujours s'effacer est une constante.

La plupart des femmes en se levant font en sorte d'être bien habillées, bien maquillées, parce qu'on leur a appris non pas qu'elles étaient des pots de fleur – ce serait trop schématique – mais qu'elles étaient dans l'apparence. Un Martien qui débarquerait sur notre planète se demanderait au bout de peu de temps : « Mais pourquoi la moitié de l'humanité est-elle obsédée par son apparence ? » Depuis qu'elles sont petites, les filles sont habituées à recevoir l'approbation des adultes quand elles sont bien habillées – « Oh ! comme tu es mignonne. » Elles savent que c'est important pour elles, donc elles vont le faire, sans se sentir pour autant dominées.

La sexualisation de plus en plus précoce des petites filles est un phénomène très préoccupant en Amérique du Nord, heureusement peu connu en France : dès 5 ans, on fait porter à des fillettes des strings marqués *love*, on les marque comme des objets du désir masculin.

Quelle est la part de la société de consommation et des médias dans cette imposition de la « belle image » ?

La société de consommation en rajoute car, dans une société d'abondance comme la nôtre (même en temps de crise), on a moins d'excuses à ne pas être parfaitement habillé, à ne pas avoir l'air parfaitement jeune. La contrainte de la consommation conduit à la comparaison permanente entre les autres et soi, entre soi et soi : il faut être toujours mieux vêtu, toujours plus désirable. Dans les pays où les gens ont tout juste de quoi vivre, il y a forcément un nivellement des apparences.

Quand on lit la presse pour les adolescentes – généralement orientée sur les stars, la mode, le sexe –, on a toujours l'impression que les filles sont à la remorque des garçons. On retrouve souvent en page de titre : « Quand il me demande ça, est-ce que je le fais ? » Cela vaut sur le plan de la sexualité, mais pas seulement. Toute une idéologie, passant par les médias mais aussi par l'éducation, invite les jeunes filles à investir dans la relation amoureuse comme si c'était là l'affaire de leur vie (alors qu'on invite plutôt les garçons à investir dans la carrière). Comme si les filles devaient attendre qu'un homme vienne les séduire et oriente du même coup toute leur vie. C'est ce qu'on a appelé le « complexe de Cendrillon » : le fait de pouvoir réussir professionnellement et être indépendante panique ces filles ou ces femmes à qui l'on a appris que leur bonheur résidait avant tout dans l'exaltation amoureuse et la dépendance. Et même des jeunes stars qui se présentent comme des guerrières et chantent des textes où il est question de s'affirmer montrent par leur look et leurs mensurations qu'elles entérinent la norme : plaire est prioritaire par rapport aux autres choix de vie.

Plaire, séduire, paraître : c'est le message répété jusqu'au bégaiement de la plupart des magazines féminins, même quand ils se prétendent féministes. Quand on leur demande si le féminisme et l'obsession du look ne sont pas contradictoires, les journalistes répondent : « Mais non, nous revendiquons à la fois le fait de soigner son apparence, de travailler, etc. » Ce modèle impose aux femmes de jouer sur tous les tableaux – amoureux, social, maternel, professionnel, etc. – mais, en pratique, est-ce possible et même souhaitable ?

Et les magazines masculins, les produits de beauté pour hommes ?

La société de consommation a toujours cherché à toucher les hommes dans le domaine de l'apparence, mais les magazines masculins sont loin d'atteindre les chiffres de tirage de leurs homologues féminins : ils sont peu achetés, peu lus, sauf dans des milieux très favorisés. L'asymétrie entre hommes et femmes est fondamentale dans les codes de l'apparence. Une bedaine n'empêchera pas un homme de se lancer dans la course à la présidence, alors qu'une femme politique sera toujours critiquée pour son physique ou sa manière de s'habiller.

Les garçons souffrent aussi des stéréotypes masculins, parfois contradictoires : dans les milieux populaires, on affirme sa virilité par la force, par les conduites à risque ; dans les classes plus aisées, on mettra en avant la réussite intellectuelle, artistique, le salaire, etc. L'idée est toujours de se mettre en avant. Mais les stéréotypes féminins sont plus contraignants que ceux des hommes car ils touchent à l'apparence, au corps, à la violence subie – si une femme subit une agression en étant sortie à 3 heures du matin, on va dire qu'elle l'a cherché. Ces stéréotypes affectent l'estime que les femmes ont d'elles-mêmes, mais aussi leur position dans la société. Les hommes ont plus de liberté de mouvement, des salaires supérieurs, une heure de temps libre de plus par jour par rapport aux femmes (due à la répartition inégale des tâches domestiques), etc. La domination continue de profiter aux hommes.

Quel conseil donneriez-vous aux adolescentes aujourd'hui ?

Ne pas toujours essayer de plaire, compter plus sur soi-même, être autonome et se donner les chances de le rester en ayant un métier qui permette sinon de s'affirmer, du moins de retomber sur ses pieds en cas de coup dur. L'indépendance financière vous met à l'abri de beaucoup de pressions et de contraintes.

Mais on ne peut pas s'adresser aux filles sans s'adresser aux garçons puisque, nous l'avons vu, ils ne se définissent que les uns par rapport aux autres. Le modèle masculin est aujourd'hui bien plus en crise que le modèle féminin : dans certaines classes sociales, il y a un problème de violence, la criminalité est très masculine et, au total, les risques de mourir jeune sont bien plus importants. Il faut encore et toujours remettre en cause le corset des stéréotypes.

[illegible]

C'est [illegible] position dans [illegible] plus du tiers de [illegible] une heure [illegible] de plus [illegible] [illegible]

[illegible]

[illegible]

[illegible]

Entretien avec Françoise Héritier, anthropologue

Professeure honoraire au Collège de France, ancienne directrice du Laboratoire d'anthropologie sociale, directrice d'étude à l'EHESS (École des hautes études en sciences sociales), Françoise Héritier *est une anthropologue de renommée mondiale. Elle a analysé dans de nombreuses sociétés la façon dont on élabore des systèmes de valeurs à partir de la différence des sexes. Ses ouvrages, notamment* Masculin/Féminin *(tome 1.* La Pensée de la différence*; tome 2.* Dissoudre la hiérarchie*), rendent compte de ces travaux.*

Comment en êtes-vous arrivée à ce sujet : l'étude du rapport d'inégalité entre les hommes et les femmes dans les sociétés ?

Je n'y suis pas venue par une interrogation personnelle à la suite d'injustices que j'aurais subies, mais au fil de mon travail d'anthropologue. J'ai eu la chance de me retrouver en Afrique, au Burkina Faso, en 1957. C'était mon premier terrain de recherche. J'étudiais alors une population au système de parenté très différent du nôtre, avec un aspect « patriarcal » très marqué : les pères prennent toutes les décisions pour leurs enfants, la filiation passe uniquement par les hommes, les femmes quittent leur famille pour celle de leur époux quand elles se marient, etc. La hiérarchie entre les sexes transparaît déjà dans le vocabulaire de la parenté : toutes les filles nées dans une famille (ou lignage) sont considérées comme les « sœurs » de tous les hommes de cette famille, quelle que soit leur génération. La sœur du grand-père paternel d'un homme est une « sœur » pour cet homme, comme l'est la sœur de son père ou sa sœur proprement dite. Tous leurs enfants sont des « neveux » pour cet homme. Les femmes sont donc rapportées à une génération inférieure : une femme est toujours, en esprit, cadette par rapport à un homme de sa famille. Ce type de système de parenté n'est pas propre à cette société, et il en existe d'autres. Un type de structure de la parenté est toujours une construction culturelle et ne transcrit pas une loi de la nature.

Mais cet exemple m'a mise sur la piste de la « valence différentielle des sexes » : dans la plupart des domaines de la vie ordinaire, y compris dans des sociétés qui n'ont pas ce type de système de parenté, les femmes sont tenues pour « mineures », comme « cadettes » par rapport aux hommes. Pourquoi ? De façon universelle, l'antériorité vaut supériorité : parce que les parents naissent avant les enfants, ils ont la charge des enfants mais aussi l'autorité sur eux. Et puisque les femmes sont nécessaires aux hommes pour qu'ils aient des fils, les hommes se sont approprié leur corps et les ont traitées sinon comme des objets, du moins comme des cadettes sur qui ils ont autorité.

Avec ce regard, les femmes ont été affectées à la maternité, au domestique, à l'intérieur, à l'intime, alors que les hommes ont accès à l'extérieur, à la vie publique, à l'action. Non pas pour des raisons biologiques, mais par l'effet de constructions intellectuelles.

Vous montrez que, à partir de la différence biologique, naturelle entre les hommes et les femmes, chaque société a inventé un système de représentations qui assigne aux hommes et aux femmes d'autres différences, culturelles, et des valeurs. Pourquoi ?

Toute société développe un système de valeurs. Nous ne pouvons penser ou nous exprimer sans utiliser un langage fondé sur des oppositions : haut/bas, sec/humide, chaud/froid, actif/passif, sain/malsain, pur/impur, etc. De façon intuitive pour chacun de nous, ces termes sont dotés de l'indice masculin ou de l'indice féminin : « les hommes sont chauds, les femmes sont froides », ou « les hommes sont actifs, les femmes passives ». On attribue aussi à ces termes des valeurs positives ou négatives. Or, dans chaque culture, ce sont systématiquement les termes associés au masculin qui sont considérés comme positifs. Cela n'a rien à voir avec la définition des termes mêmes, mais avec leur affectation au masculin ou au féminin.

Prenons l'exemple de l'opposition passif/actif : dans les sociétés occidentales, l'actif est considéré comme masculin et il est donc valorisé. « Actif » est synonyme d'extériorité, de maîtrise sur la nature et les choses. Dans ce système de valeurs, ce sont les hommes – actifs – qui possèdent cette maîtrise, qui transforment la nature et le quotidien grâce à la technique. Dans ce même système de valeurs, on considère les femmes, par opposition aux hommes, comme passives. On le dit aussi dans la métaphore sexuelle.

Or, dans la pensée bouddhiste, ce rapport est inversé. C'est la passivité qui est valorisée et c'est la passivité qui est masculine. La suprême vertu n'est pas de maîtriser la nature par la technique, mais de se maîtriser soi-même. C'est vrai aussi dans le domaine de la sexualité. Il y avait l'idée que le sperme n'était pas renouvelable indéfiniment et donc que les hommes doivent maîtriser leur éjaculation, ne pas gaspiller leur semence. On accorde au contraire aux femmes une activité dans le cadre du domestique qui est sans intérêt, brouillonne.

Dans le premier cas, européen, l'actif est positif car il est associé à l'homme ; dans le second, c'est le passif qui devient positif, du fait qu'il est associé à la masculinité.

Il faut se méfier quand un système de valeurs entend louer « la » femme : quand il la présente comme la Mère, avec une majuscule. Dire que « la » femme n'est respectable qu'en tant que mère revient à la cantonner à la maternité. En renvoyant les femmes à la maternité, on les renvoie au domestique, au subalterne, à l'absence de valeur, en fait, la valeur n'étant reconnue socialement que hors du champ domestique.

Pourquoi associer le féminin au négatif ?

Pour maintenir les femmes dans la situation de dominées. Dans la plupart des sociétés traditionnelles, cette domination se traduit par le fait que les femmes ne disposent pas de leur corps, car c'est leur père et leurs frères qui en disposent en les donnant en mariage à d'autres hommes, dont ils obtiennent des épouses en retour. Ces femmes ne choisissent pas leur conjoint, ni le nombre de leurs enfants ; souvent, elles n'ont pas le droit d'aller se faire soigner sans l'accord marital. Elles n'ont pas la liberté d'accéder au savoir ; dans beaucoup de pays en développement, elles ne vont que deux ou trois ans à l'école primaire, avant d'être retirées pour être mariées avant que leur esprit ne soit « corrompu » par le savoir. La raison est que trop de savoir ouvre à la possibilité d'exercer son esprit critique. Enfin, les femmes n'ont pas accès au pouvoir.

Ce triple refus – du droit à disposer de son corps, du droit au savoir et du droit au pouvoir

– est indispensable pour les maintenir dans la dépendance. Nous avons connu cela en Occident et connaissons toujours l'éviction de l'exercice du pouvoir. La meilleure manière de maintenir une femme dans la dépendance et notamment dans l'impossibilité de décider pour elle-même, de comprendre ce qui se passe et de juger de l'injustice du sort qui lui est fait, c'est de lui dire : « Par nature, tu es bête, faible, fragile, et sans moi tu ne pourrais pas exister. » Le déni, le mépris sont le corollaire obligé de cette volonté de maintenir les femmes dans leur rôle de reproductrices.

Pourquoi ? Les différents mythes que nous ont transmis les sociétés d'autrefois nous montrent les grandes questions que se pose l'humanité. L'une de ces questions pourrait se traduire par : comment se peut-il que les femmes fassent non seulement des corps semblables aux leurs – c'est-à-dire des filles –, mais aussi des corps différents d'elles-mêmes – des garçons –, alors que les hommes n'ont même pas la possibilité de faire des corps semblables au leur ? À quoi servent les hommes ? Question angoissante pour les principaux intéressés.

Comme on avait pu constater aux temps originels que les grossesses n'avaient lieu qu'après des rapports sexuels, on a imaginé la réponse suivante : ce ne sont pas les femmes qui ont le pouvoir exorbitant de faire des enfants par elles-mêmes, mais les hommes qui « mettent » les enfants dans les femmes, comme si celles-ci n'étaient que des réceptacles, des matrices, où prolifère une semence qui vient des hommes. Dans cet esprit, les enfants sont le trésor des hommes que les femmes ont la nécessité de faire pousser, de conserver pour les hommes. C'est ce qu'on retrouve clairement exprimé dans la pensée du philosophe grec Aristote, où l'esprit, la vie, la forme, le mouvement sont tous dans la semence de l'homme, le corps féminin n'étant que le matériau nécessaire, qui aurait tendance à proliférer vers la monstruosité s'il n'était bridé. Faut-il rappeler le vieux rêve de la procréation sans femme ? Zeus enfante seul.

On voit là à l'œuvre le travail de la pensée à partir du réel observé. Biologiquement, dans la production génétique, les femmes apportent avec les ovules autant que les hommes avec les spermatozoïdes, mais cela n'est connu que depuis la fin du XVIIIe siècle (le début du XXe siècle pour l'apport génétique égal), et n'a pas encore bouleversé nos systèmes archaïques de représentation.

L'origine de la répartition des rôles masculin/féminin depuis la préhistoire – l'homme chasse, la femme collecte des fruits et graines sauvages – est-elle due au fait que les femmes font et élèvent les enfants ?

On invoque souvent, pour expliquer cela, la faiblesse congénitale des femmes, ou encore la fragilité inhérente à leurs grossesses et au fait qu'elles portaient les enfants afin de leur assurer protection le plus longtemps possible. Or, d'après l'expérience que les ethnologues ont des quelque trente-cinq sociétés de chasseurs-collecteurs subsistant dans le monde aujourd'hui, qui vivent en gros comme on vivait à l'époque du paléolithique (avant l'invention de l'agriculture), les femmes parcourent les mêmes distances que les hommes, même avec un bébé dans le ventre, un autre attaché dans le dos, plus la hotte à fournitures sur la tête. Elles ne sont donc pas faibles, et les sociétés ont bien su exploiter leur force et leur endurance.

Les raisons pour lesquelles les femmes ne chassent pas répondent à des impératifs qui relèvent des représentations mentales et du religieux. Les femmes perdent du sang lors des règles. Le chasseur, lui, usant d'instruments perforants, fait couler le sang des animaux. Dans les mondes anciens, on pensait qu'il pouvait y avoir communication, sympathie entre l'humain et la nature qui l'entoure ; on croyait qu'un acte social ou un fait biologique pouvait avoir des répercussions sur la météorologie et le cosmos en général, et réciproquement (comme on dit aujourd'hui encore que chanter faux fait pleuvoir, ou qu'une femme ne peut pas faire prendre une mayonnaise quand elle a ses règles – puisqu'elle-même n'a pas « pris »). On pensait donc que si une femme faisait couler le sang des bêtes, elle-même ne pourrait plus s'arrêter de couler et que ces hémorragies permanentes entraîneraient la stérilité. Par conséquent, les femmes avaient la permission de chasser à condition de ne pas faire couler le sang : elles pouvaient tuer, mais seulement des petits animaux, et à coups de bâton ou avec des pièges, des lacets ; elles pouvaient tordre le cou à un oiseau, assommer un rat, piéger un lapin, etc. Même si ces représentations ont perdu de leur force ou de leur sens, on constate à la campagne en France que ce sont toujours les hommes qui tuent le cochon ou ailleurs le mouton ; même dans les abattoirs où des femmes travaillent, la tâche de tuer ne leur est jamais confiée. Les raisons que l'on donne aujourd'hui à cet interdit de verser le sang – le fait que les femmes seraient du côté de la vie – n'ont rien à voir et reprennent ce faux éloge dont je parlais au début : on vénère toujours la mère dans la femme, pour mieux lui dire : « Attention, reste une mère et ne te mêle pas de ces choses plus importantes que sont la technique, le pouvoir, la religion, le sacré. »

Les dernières recherches scientifiques révèlent pourtant que l'agriculture a très vraisemblablement été inventée par les femmes.

En effet. Depuis très longtemps, depuis que la recherche préhistorique s'est constituée comme science, on a toujours considéré que les progrès techniques, dont l'agriculture, étaient l'œuvre des hommes. Or, récemment, des préhistoriens en sont venus à la conclusion que c'était surtout l'œuvre des femmes. Au paléolithique, ce sont les femmes qui collectaient les fruits et les graines dans la nature, qui ramassaient notamment des céréales sauvages (on peut le constater encore aujourd'hui en Afrique, dans les zones sahéliennes, où les femmes fauchent les plantes sauvages avec une vannerie très serrée pour recueillir de petites graines comme le fonio ou le mil sauvage). Elles rapportaient leurs trouvailles au foyer ; parfois des graines tombaient et sans doute certaines devaient-elles germer près du foyer. Peut-être a-t-il fallu des siècles avant que les femmes observent et comprennent ce phénomène et finissent par se dire : « Si ces graines tombées peuvent germer, pourquoi ne pas faire germer des graines de façon systématique pour s'épargner la tâche d'aller les récolter au hasard ? » L'agriculture est ainsi née.

Pour ne pas parler d'autres domaines : par exemple, la participation des femmes à l'art pariétal est attestée, notamment dans les grottes d'Asie du Sud-Est. La technique utilisée était la suivante : on appliquait sa main contre la paroi et on soufflait tout autour les pigments avec la bouche, si bien que la main était dessinée en creux par le pigment ; la différence de taille des mains indique bien que des femmes participaient à cette décoration.

Comment se fait-il que les techniques, y compris les techniques agricoles, aient été récupérées par les hommes ?

Une association s'est produite chez tout enfant entre la nourriture et la féminité, dans la mesure où les femmes nourrissaient au sein les enfants jusqu'à deux ou trois ans. Les femmes ont donc été confinées d'autant plus aisément dans le domestique, la nourriture et la maternité. Or, dans le domestique, le subalterne, il n'y a pas de technique qui tienne. C'étaient les hommes qui se réservaient la technique. Cependant, l'histoire montre que, au fur et à mesure que l'on avançait et que l'on changeait de techniques, les femmes avaient accès aux techniques abandonnées par les hommes : quand les hommes travaillaient la terre avec des outils en pierre, les femmes la travaillaient avec des bâtons ; quand les hommes ont remplacé les outils en pierre par ceux en métal – bronze d'abord, fer ensuite –, les femmes ont accédé aux outils en pierre. Quand les hommes ont découvert l'araire, ils ont laissé l'herminette aux femmes ; quand est apparue la vraie charrue avec le soc, les hommes l'ont conduite et les femmes ont repris l'araire, et ainsi de suite jusqu'au tracteur. Chaque fois, les femmes accèdent à la technique – ce qui prouve bien qu'elles peuvent le faire –, simplement elles sont en retard d'un temps parce que les hommes monopolisent toujours la technique avancée.

Nous vivons aujourd'hui dans une société qui n'a plus grand-chose à voir avec les sociétés du paléolithique, mais il nous en reste encore des traces : quand on dit à un enfant qu'il est né parce que « papa a mis une petite graine dans le ventre de maman », c'est toujours la représentation qui veut que la femme ne soit qu'un réceptacle pour l'homme.

Malgré ces constantes, il faut se dire que la valence différentielle des sexes qui est à l'origine des sociétés n'est pas inamovible : en effet, c'est une création de la pensée humaine qui prend différentes formes selon les sociétés, donc ce n'est pas une nécessité naturelle, donc on peut changer les choses. Et, depuis quelques dizaines d'années, les choses changent, par petites touches.

Où finit le biologique, où commence le culturel ?

Par exemple, la testostérone (l'hormone mâle) est un fait biologique. Elle peut provoquer une certaine agressivité, qu'il est cependant facile de contrôler, et elle est nécessaire à l'affirmation de soi. Or certains prétendent que, en raison de son important taux de testostérone, l'homme a en lui une violence « naturelle », qu'il ne peut contrôler, ce qui expliquerait certains comportements violents vis-à-vis des femmes. C'est oublier que les femmes aussi produisent de la testostérone, et parfois, en période de stress, d'agitation, de pulsion sexuelle, elles peuvent en produire autant que les hommes.

Deviennent-elles violentes pour autant ? Pas forcément, car la testostérone est contrôlable par le cerveau, la raison. Alors, pourquoi laisse-t-on les hommes se laisser dominer par leurs pulsions ? Pourquoi ne leur dit-on pas, ne leur montre-t-on pas que ces pulsions peuvent être contrôlées ? Reconnaissons toutefois que bon nombre d'entre eux savent les contrôler. On parle ici d'une attitude générale de tolérance. Cela tient à une éducation différentielle.

L'exemple que je vais vous donner vient d'une société fort différente de la nôtre, mais il est très parlant : chez les Samo, une société du Burkina Faso, j'avais remarqué que les femmes ne donnaient pas toujours le sein à leur bébé quand il pleurait. Elles le portaient dans le dos tout en se livrant à leurs activités, et dans certains cas elles s'arrêtaient pour lui donner la tétée, dans d'autres cas elles ignoraient les pleurs ou même se débarrassaient de l'enfant. J'ai fini par comprendre que cette différence de traitement n'était pas fonction de l'urgence de la tâche ou de l'humeur de la mère, mais fonction du sexe de l'enfant : une mère donnait tout de suite la tétée à son enfant si c'était un petit garçon, alors qu'elle le faisait attendre si c'était une petite fille. Elles expliquaient cela par le fait que les garçons ont le « cœur rouge » : ils peuvent se mettre en colère, et c'est dangereux pour leur vie, donc il faut les satisfaire tout de suite. Au contraire, les filles devront attendre toute leur vie et ne jamais être satisfaites, donc autant le leur apprendre dès l'enfance.

Par une telle éducation, on obtient des êtres humains tout à fait différents : ceux qui considèrent que leurs moindres désirs sont des ordres et doivent être satisfaits immédiatement – les hommes –, et celles qui apprennent, à peine sorties du ventre maternel, qu'elles seront toujours frustrées – les femmes. Il est clair que de tels comportements ont beaucoup plus d'impact sur les conduites à venir de l'individu que la quantité de testostérone qu'il émet. Même si l'éducation est aujourd'hui beaucoup plus égalitaire en Occident, les garçons comprennent très vite que tout, ou presque, leur est permis et considèrent cela comme naturel ; beaucoup trouvent normal, par exemple, de progresser dans leur carrière comme si la question des mérites et des compétences ne se posait pas, qu'ils y ont droit par nature, alors que les femmes s'interrogent toujours pour savoir si elles méritent vraiment une dignité ou un avancement. L'accès aux responsabilités leur est barré, mais de plus elles ont intériorisé l'idée qu'elles n'ont peut-être ni la légitimité ni les capacités nécessaires. Dès qu'il s'agit de carrières qui dépassent les tâches d'exécution, les femmes ne progressent pas de la même manière sur le plan professionnel. À compétence, aptitudes, diplômes égaux, elles sont barrées par un système de choix, de cooptation, de copinage, qui fait que les hommes se choisissent entre eux, etc.

Dans la révolution qu'a connue le XXe siècle en Occident pour le droit des femmes, que considérez-vous comme le plus important ?

Les progrès essentiels, en plus des autres progrès légaux qui ont été faits dans nos sociétés et qui sont extraordinaires, sont le droit à la contraception et le droit à l'avortement. Ce sont vraiment des droits fondamentaux, liés au droit à disposer de soi-même, et qu'il faut défendre à tout prix. Le droit à la contraception agit exactement au lieu précis qui a fait que les femmes ont été mises en tutelle, c'est-à-dire au lieu de la reproduction. En effet, le modèle mental archaïque voulait qu'elles fassent des enfants et qu'elles ne fassent que cela, sans leur laisser la possibilité de choisir par elles-mêmes si elles voulaient des enfants ou pas, ou à quel moment.

Sur un plan concret, le droit à la contraception permet en outre aux femmes d'avoir le nombre d'enfants qu'elles peuvent élever. Je ne connais pas – à partir du moment où des soins appropriés permettent à un enfant de vivre –, je ne connais pas de société où les femmes souhaitent de leur propre chef avoir dix enfants ou plus. Quand elles les ont, c'est qu'elles y ont été contraintes, soit par la force des choses et l'ignorance, soit par la volonté d'hommes qui tirent richesse et prestige de leur descendance.

Sur quoi aimeriez-vous attirer l'attention des adolescentes aujourd'hui ?

Le point le plus important, à mes yeux, est qu'elles réussissent à avoir autant confiance en elles-mêmes que les garçons en eux-mêmes. Apprendre aux filles à avoir confiance en elles est l'un des domaines majeurs de l'éducation où l'on se doit absolument d'agir.

Il faut aussi qu'elles comprennent leur histoire : d'où elles viennent et ce qui reste à accomplir. Les adolescentes aujourd'hui ont l'impression que les droits pour lesquels leurs aînées ont bataillé ont toujours existé. Par définition, elles ne peuvent imaginer un état antérieur, donc elles croient que tout est acquis. Or ce qui est acquis l'est uniquement sur le plan légal. Au quotidien, dans la réalité, il y a encore beaucoup à faire : il faut changer le système de représentations, le système de valeurs, pour que les femmes soient vraiment considérées comme les égales des hommes. Les adolescentes aujourd'hui ne doivent pas se contenter de penser : « Que me reste-t-il à faire puisque j'ai tous les droits et que je me sens l'égale des garçons dans ma classe ? » Dix ans après, une fois entrées dans la vie – dans leur carrière professionnelle, dans leur couple –, elles découvriront que les choses ne se passent pas du tout comme elles l'avaient imaginé et elles ne seront pas forcément armées pour affronter ces inégalités. Il faut donc leur apprendre la vigilance et leur montrer clairement les domaines où elles ont encore un rôle à jouer. Le fondamental n'est pas derrière elles mais devant elles. C'est à elles et à leurs filles qu'il reviendra peut-être de faire véritablement bouger le socle de représentations archaïques qui accordent aux femmes un statut et des droits inférieurs à ceux des hommes.

beaucoup à faire, il faut changer le système de représentations, le système de valeurs, pour que [illegible] considérées comme des égales des hommes [illegible] sujets [illegible] de penser.

Ce qui reste à faire [illegible] tous les droits [illegible] l'égalité des garçons dans [illegible] après, une fois entrées dans [illegible]

Conclusion

Si le machisme ouvertement déclaré n'est aujourd'hui plus de mise, il existe encore de multiples domaines dans lesquels les femmes sont cantonnées à un rôle d'inférieures, parfois de façon évidente (comme ces jeunes filles qui n'ont pas le droit de sortir ou qui doivent assumer les tâches ménagères à la place de leurs frères), parfois d'une façon apparemment moins contraignante (par les médias, la publicité, les jeux...) ou, comme l'indique Françoise Héritier, brusquement au détour de leur vie d'adulte, quand elles se trouvent confrontées au monde du travail et de la vie de couple.

Comment éviter cela ? L'État peut certes intervenir sur de nombreux plans : en formant les enseignants à une pédagogie qui permettrait de rehausser l'estime de soi des filles et de les inciter à une orientation plus conforme à leurs succès scolaires ; en agissant sur le code du travail, pour empêcher les temps partiels subis et limiter la flexibilité des horaires de travail ; en pénalisant de façon plus convaincante les entreprises qui ne rémunèrent pas les femmes autant que les hommes pour un travail égal ; en augmentant le nombre de structures d'accueil pour les enfants ; en conditionnant le financement des partis politiques, des syndicats et des associations au nombre de femmes dans leurs organes dirigeants, etc.[1].

Le domaine dans lequel l'État ne peut intervenir, cependant, si ce n'est par des campagnes d'information et de sensibilisation, c'est le domaine privé. Or la permanence des inégalités au sein du couple, dans la répartition des tâches et des soins aux enfants, est, selon les chercheurs cités dans ce livre, la matrice de tout le reste : elle conditionne le manque de disponibilité des

---

1. Voir les propositions d'Alain Bihr et Roland Pfefferkorn en conclusion d'*Hommes, femmes, quelle égalité ?*, *op. cit.*, p. 329-333, inspirées de l'ouvrage de Claire Aubin et Hélène Gisserot, *Les Femmes en France : 1985-1995. Rapport établi par la France en vue de la quatrième Conférence mondiale sur les femmes*, La Documentation française, 1994, chap. 3 (p. 79-97) et annexe 2 (p. 109-120).

femmes pour d'autres activités, elle conforte une image de la famille aux yeux des enfants.

Pour remédier à cela dans le court terme, il faut que les jeunes filles puis les femmes continuent le mouvement amorcé depuis maintenant des décennies : s'affirmer de plus en plus fort dans le domaine des études. Pas uniquement parce que, afin d'obtenir un poste, il sera parfois nécessaire d'avoir une qualification supérieure à celle d'un concurrent homme ; mais aussi parce que, ainsi, il deviendra de plus en plus difficile de faire admettre que des filles qui ont réussi à l'école se retrouvent à des positions sociales inférieures à celles des hommes. En outre, l'ouverture intellectuelle qu'offrent des études longues favorise la prise de conscience des conduites stéréotypées et la mise en question des modèles imposés ; elle permet de formuler des arguments et d'élaborer des solutions. La mobilisation contre le sexisme a besoin de relais pour convaincre et se faire entendre. Hommes et femmes doivent prendre conscience de ce qu'ils perdent à suivre les modèles sexistes.

L'identité sexuelle est une manière de nous définir au même titre que l'identité géographique, sociale, etc. Comme nous l'avons vu, cette identité n'est pas un donné naturel, elle se modifie au cours de l'histoire. Elle pourrait donc se passer de la domination d'un sexe sur l'autre. En outre, lutter contre les stéréotypes de sexe ne conduira jamais, contrairement aux idées reçues, à ce qu'on s'ennuie dans un monde où hommes et femmes seraient uniformes. Au contraire : en n'obligeant pas un garçon à « coller » à son rôle de garçon, ou une fille à entrer dans son rôle de fille, on laisse à chacun beaucoup plus de latitude pour se forger une personnalité originale, en dehors de modèles vus et revus, injustes et contraignants.

ressources

Bibliographie

Il existe une importante bibliographie sur le sujet. Nous nous en tiendrons aux ouvrages les plus récents et à ceux que nous avons consultés pour écrire ce livre.

• Élisabeth Badinter, *Le Conflit, la femme et la mère*, Flammarion, 2010.

La forte natalité dont bénéficie la France vient non seulement de son relatif bon équipement en structures pour accueillir les enfants (crèches, haltes-garderies), mais aussi de ce qu'on y est moins sensible à une pensée réactionnaire qui pèse de plus en plus sur les femmes pour qu'elles soient des mères parfaites et entièrement dévouées à leurs enfants. De fait, dans la plupart des autres pays occidentalisés, les femmes peuvent beaucoup moins concilier carrière professionnelle et maternité.

Dans son étude historique *L'Amour en plus* (parue chez Flammarion en 1980, rééditée en poche en 2010), Élisabeth Badinter montre que l'amour maternel n'est pas un instinct mais une construction culturelle récente.

• Christine Bard, *Ce que soulève la jupe. Identités, transgressions, résistances*, Autrement, 2010.
Voir présentation p. 169.

• Christine Bard, *Les Féministes*, Le Cavalier bleu, coll. « Idées reçues » (à paraître en 2011).

• Alain Bihr et Roland Pfefferkorn, *Hommes, femmes, quelle égalité ?*, Les Éditions de l'Atelier, 2002.
Ces sociologues spécialistes des inégalités sociales se sont de nouveau associés, cette fois pour parler de l'inégalité dans les rapports entre les sexes, fournissant beaucoup de données chiffrées et d'analyses intéressantes, voire de solutions possibles pour réduire les inégalités (en conclusion). Comme ils s'étonnaient qu'une édition précédente de ce livre ait remporté moins de succès que leurs études sur les inégalités sociales en général, ils rapportent que, lors d'un salon du livre, ils se sont entendu dire par les hommes : « C'est une affaire qui ne concerne que les (bonnes) femmes », tandis que les femmes reposaient le livre en soupirant : « On connaît tout ça ! » Ils en ont conclu que les personnes se sentent remises en cause bien plus directement

par les inégalités dans les rapports de sexes que par les inégalités dans les rapports de classes, « avec ce que cela implique de dénégation, de mauvaise foi et d'expérience douloureuse » (p. 12).

• Pierre Bourdieu, *La Domination masculine*, Seuil, coll. « Points Essais », 2002.
De lecture difficile, ce livre bref et dense du célèbre sociologue part de l'étude de la société kabyle pour mieux revenir aux principes essentiels de la domination masculine dans notre société.

• Marie Duru-Bellat, *L'École des filles. Quelle formation pour quels rôles sociaux ?* L'Harmattan, nouvelle édition revue et actualisée, 2004.
Voir présentation p.193.

• Françoise Héritier (sous la direction de), *Hommes, femmes, la construction de la différence*, Le Pommier-Cité des sciences et de l'industrie, coll. « Le collège de la cité », 2005.
Cet ouvrage collectif rassemble une neurologue (Catherine Vidal), un psychiatre (Alain Braconnier), des psychologues (Gaïd Le Maner-Idrissi, Patricia Mercader), des biologistes (Sylvia Copelli, Pierre-Henri Gouyon), etc., pour tenter d'évaluer la part de la biologie et celle de la société dans la construction de la différence entre les sexes.

• Françoise Héritier, *La différence des sexes explique-t-elle leur inégalité ?* Bayard, coll. « Les petites conférences », 2010.

Ce texte facile d'accès est le résultat d'une conférence qui s'adressait aux enfants à partir de 10 ans.

• Catherine Monnot, *Petites filles d'aujourd'hui. L'apprentissage de la féminité*, Autrement, 2009.

Voir présentation p. 147.

• L'historienne Michelle Perrot est l'auteur, avec Georges Duby, d'une *Histoire des femmes en Occident de l'Antiquité à nos jours* (1991-1992) passionnante, aujourd'hui parue en édition de poche (Plon, coll. « Tempus »).
À chacun des cinq tomes correspond un siècle, et on peut les lire indépendamment les uns des autres.

• Yannick Ripa, *Les Femmes*, Le Cavalier bleu, coll. « Idées reçues », 2002.
Par des arguments clairs et des données précises, l'auteure dément plusieurs idées reçues qui ont encore cours aujourd'hui : depuis « Toutes les femmes sont des hystériques », jusqu'à « Les féministes sont contre les hommes », en passant par « Il n'y a pas de femmes parmi les grands peintres et les grands musiciens ».

• Catherine Vidal, *Hommes, femmes, avons-nous le même cerveau ?* Le Pommier, coll. « Les petites pommes du savoir », 2007.
Un court livre de 60 pages très clair, pour faire le point sur la différence biologique entre les hommes et les femmes.

Filmographie

• *La Journée de la jupe* (2009), de Jean-Paul Lilienfeld, avec Isabelle Adjani et Denis Podalydès, raconte l'histoire (imaginaire) d'une professeure de français qui, poussée à bout par les provocations sexistes de certains élèves, prend sa classe en otage.

• *La Domination masculine* (2009), de Patric Jean, est un documentaire tourné au Québec, en France et en Belgique. Il évoque des cas extrêmes – mais pas si rares – que peut prendre la (l'envie de) domination masculine dans la société : depuis les hommes qui par la chirurgie cherchent à rallonger leur pénis jusqu'aux agressions commises sur les femmes.

• *Debout ! Une histoire du Mouvement de libération des femmes (1970-1980)*, documentaire réalisé par Carole Roussopoulos, 1999.

Ressources en ligne

• L'Insee (Institut national de la statistique et des études économiques) propose en ligne des enquêtes fines sur le monde de l'éducation, du travail, des loisirs, etc. Voir notamment C. Colin, Z. Didier, C. Ravel, « La parité à pas comptés », *Insee première* n° 1006, mars 2005, sur les inégalités hommes-femmes face à l'emploi, en famille et en politique ; ou l'analyse comparative dans *Économie et Statistiques*, n° 352-353, « Offre de travail et répartition des activités domestiques et parentales au sein du couple : une comparaison entre la France et la Suède », septembre 2002.

Parmi les chiffres donnés par l'Insee que j'ai cités dans le présent livre, on trouvera les tableaux suivants sur le site Internet www.insee.fr : « Durée de l'écoute de la télévision et de la radio en France », 2008 ; « Taux de scolarisation des filles et des garçons à différents âges », 2007-2008 ; « Avance ou retard des élèves scolarisés en classe de troisième », 2008-2009 ; « Réussite au baccalauréat par séries », rentrée 2009 ; « Séries du baccalauréat général et technologique préparées par les élèves de terminale », rentrée 2008 ; « Statut et type d'emploi selon le sexe », Enquête Emploi 2008 ; « Diplôme le plus élevé obtenu selon l'âge et le sexe », 2007 ; « Salaires mensuels moyens nets de tout prélèvement selon le sexe et la catégorie socioprofessionnelle », 2007 ; « Nombre de chômeurs et taux de chômage selon le sexe et le diplôme », 2008 ; « Chômage de longue durée selon le sexe et la catégorie socioprofessionnelle », 2008 ; « Montant moyen mensuel de la retraite de droit direct en 2004 (en euros) ».

• Le ministère du Travail offre une synthèse claire et intéressante de toutes ces données : « L'égalité entre les femmes et les hommes, chiffres clés 2009 », accessible sur son site : www.travail-solidarite.gouv.fr

• Voir aussi sur la question plus particulière du temps partiel des femmes : Rapport du Conseil économique et social, « Les femmes face au travail à temps partiel », www.conseil-economique-et-social.fr/rapport/doclon/08261005.pdf

Mouvements de défense des droits des femmes

Le Planning familial

Le Planning familial est une organisation non gouvernementale (association loi de 1901) qui agit pour « faire reconnaître les droits des femmes à la maîtrise de leur fécondité (contraception, avortement) et lutte pour l'élimination de la violence sexiste ». Dans ses nombreux centres médicaux répartis à travers la France, il propose des consultations médicales gratuites sur la contraception, des réunions de groupe pour les adolescents, ou encore accueille les jeunes filles ou les femmes victimes de violence ou de mutilations sexuelles. Son action s'est développée dans d'autres pays ou continents. Il est de toute première importance dans l'aide apportée aux femmes. www.planning-familial.org

Il existe différentes tendances dans le féminisme, plus ou moins radicales et plus ou moins engagées politiquement. Contrairement aux idées reçues, les hommes n'y sont pas interdits... Voici quelques sites qu'il peut être intéressant de visiter :

Mix-Cité

www.mix-cite.org

Mouvement mixte pour l'égalité des sexes, Mix-Cité est une association féministe, mixte, antisexiste de réflexion et d'action auprès du grand public, des médias et des institutions.

Les Chiennes de garde

www.chiennesdegarde.com

Ce mouvement milite contre la violence sexiste et contre les stéréotypes sexistes qui touchent notamment les femmes ayant un rôle public. Leur devise : « Adresser une insulte à une femme, c'est insulter toutes les femmes. » Utilisant souvent l'humour comme arme, elles élisent un « macho de l'année » à l'occasion de la Journée internationale des femmes, qui a lieu tous les ans le 8 mars. Elles luttent aussi contre la publicité sexiste sur www.lameute.fr

Mouvement Ni putes ni soumises

www.niputesnisoumises.com

Tél. si vous avez besoin d'aide : 01 53 46 63 00.

Cette association a été créée en 2003 pour dire non à la dégradation de la situation des femmes dans certains quartiers et villes de banlieue : viols collectifs, discrimination, violences sexistes, mariages forcés, etc. Elle est née d'un mouvement de révolte suscité par l'assassinat de Sohanne, une jeune fille de 17 ans, brûlée vive dans un local à poubelles de Vitry-sur-Seine par son ex-copain, qui ne supportait pas qu'elle ne veuille plus de lui.

Il existe aujourd'hui près de quarante comités en France, qui interviennent dans les écoles, organisent des débats, reçoivent les femmes en difficulté, etc.

Osez le féminisme

www.osezlefeminisme.fr

C'est un réseau né en juin 2009 pour défendre le Planning familial, menacé par les coupes budgétaires de l'État. Ses objectifs : convaincre et mobiliser le plus possible pour que l'égalité entre hommes et femmes existe vraiment.

Re-belles

www.rebelles.over-blog.com

Ce site propose des articles, des débats et des manifestations sur l'histoire et les droits des femmes.

Sisyphe, un regard féministe sur le monde

www.sisyphe.org

La maison d'édition engagée Sisyphe a créé un site d'information qui traite toutes sortes de sujets concernant les femmes en France et dans le reste du monde, et annonce rencontres, colloques, débats et manifestations culturelles sur les femmes.

Organismes internationaux

Unifem

www.unifem.org

Le Fonds de développement des Nations unies pour la femme, créé en 1977, œuvre pour améliorer la vie des femmes et des petites filles dans plus de cent pays. Il s'est fixé quatre objectifs : réduire la pauvreté et l'exclusion des femmes ; éliminer la violence contre les femmes ; arrêter la propagation du VIH dans la population féminine ; élargir l'accès des femmes aux postes de responsabilité.

Partenaire

AMNESTY INTERNATIONAL, PARTENAIRE DU LIVRE

Amnesty International mobilisée contre les violences faites aux femmes dans le monde

Dès la naissance, en temps de paix comme en temps de guerre, les femmes sont exposées à des actes de discrimination et de violence commis ou encouragés par l'État, leur milieu social ou familial. L'infanticide des filles les prive par exemple d'emblée du droit de vivre. Chaque année, des millions de filles et de femmes sont violées par des membres de leur famille, des inconnus, des membres de l'entourage professionnel, des agents des forces de sécurité et des soldats.

Partout dans le monde, des femmes qui ont reçu des menaces ou subi des actes de violence se trouvent dans l'impossibilité d'exercer pleinement leurs droits humains. Partout dans le monde, des femmes se sont organisées pour démasquer et affronter la violence dont elles sont victimes.

Le problème mondial des violences commises au foyer et dans le milieu social est au cœur des mobilisations d'Amnesty International : il n'est pas un pays au monde qui soit réellement

parvenu à protéger les femmes dans les murs de leur maison. La violence domestique touche bien sûr les hommes, mais dans l'immense majorité des cas, les victimes sont des femmes, et les jeunes femmes ne sont pas épargnées par ce phénomène, les pages de ce livre en portent témoignage.
Derrière des portes closes, en secret, les femmes subissent les violences qui leur sont infligées par leur compagnon et leurs parents les plus proches ; la honte et la peur les empêchent de parler et, lorsqu'elles osent le faire, on ne les prend pas au sérieux. Même dans les pays où des lois sont censées prévenir et punir ce type de violence, il est fréquent que les autorités ne les appliquent pas. Il arrive aussi que des dirigeants traditionnels ou religieux aillent jusqu'à encourager et justifier de telles pratiques.
La violence contre les femmes ne se limite pas à un système politique ou économique en particulier : on la trouve dans toutes les sociétés du monde, elle ignore les barrières de la richesse, de l'appartenance à un peuple ou à une culture. Les structures de pouvoir qui, dans la société, perpétuent la violence contre les femmes sont profondément ancrées et inflexibles.
Dans le cadre de sa mobilisation contre les violences faites aux femmes – qu'une récente campagne internationale a pu concrétiser –, Amnesty International fait de la sensibilisation de tous et toutes un des leviers de ses combats. Dénoncer et prévenir, rendre les États responsables sera en effet d'autant plus efficace que la prise de conscience concernant la grave ampleur de ce phénomène aura pu se faire. Les pages de ce livre y concourent.

Amnesty International

Amnesty International est une ONG internationale composée de personnes, venues d'horizons très divers et réparties dans le monde, qui œuvrent pour le respect et la protection des droits internationalement reconnus de l'être humain.

Amnesty International mène de front ses missions de recherche et d'action dans le but de prévenir et de faire cesser les graves atteintes aux droits humains, quels qu'ils soient – civils, politiques, sociaux, culturels ou économiques.

Amnesty International compte 2,2 millions de membres et de sympathisants dans plus de 150 pays et territoires. Essentiellement financée par ses membres et par les dons de particuliers, elle est indépendante de tout gouvernement, de toute tendance politique, de toute puissance économique et de toute croyance religieuse.

Pour mener à bien ses recherches et ses campagnes, elle ne cherche à obtenir ni n'accepte aucune subvention d'aucun gouvernement.

Décrypter les stéréotypes sexistes pour mieux les reconnaître et les combattre : c'est une des recommandations importantes d'Amnesty International dans la prévention des violences faites aux femmes.

Site : www.amnesty.fr

remerciements

À toutes les femmes et les jeunes filles qui ont bien voulu se prêter à mes interviews et répondre à mes questions, à l'oral ou par Internet, avec autant de patience : Fanny Regeste, Madina, Marine Boudier, Marianne et Odile Barnier, Fantine, Juliette et Véronique Bernier, Marion Atzel, Leila Mandelbrot, Hélène Fructus, Narges Torkman, Viviane, Claude Pfeffer et Hillary Driver.

Mes chaleureux remerciements aussi à celles qui m'ont si généreusement accordé de leur temps et de leur savoir : Christine Bard, Marie Duru-Bellat, Françoise Héritier et Catherine Monnot.

Merci de son soutien à Jonathan Forster, ainsi qu'à Michel Tort.

Dans la collection

Femmes !

Si j'étais présidente – Des femmes en politique,
Agnès Boussuge et Élise Thiébaut, 2007.

J'appelle pas ça de l'amour – La violence dans les relations amoureuses,
Agnès Boussuge et Élise Thiébaut, 2007.

Le droit de choisir – L'IVG en France et dans le monde,
Catherine Gentile, 2008.

Dans la collection

J'accuse !

Le Pacte d'Awa – Pour en finir avec les mutilations sexuelles,
Agnès Boussuge et Élise Thiébaut, 2006.

Ces ouvriers aux dents de lait – Les enfants au travail,
Sigrid Baffert, 2001, réédité en 2006.

La Pêche miraculeuse – Les enlèvements en Colombie,
Alain Devalpo, 2004, réédité en 2006.

Une enfance intouchable – La condition des hors-castes en Inde,
Balwant Singh et Philippe Godard, 2006.

Dernière solution : fuir ! – Être réfugié politique aujourd'hui,
Marilú Zamora, 2006.

Derrière les barreaux – Les prisonniers en France,
Philippe Godard, 2006.

VIH-sida – La vie en danger,
Aggée Célestin Lomo Myazhiom, 2007.

Bidonplanète – Un milliard d'humains dans des bidonvilles,
Diana Bernaola-Regout et Philippe Godard, 2007.

Paroles clandestines – Les étrangers en situation irrégulière en France,
Virginie Lydie, 2008.

Le Suicide des jeunes – Mourir pour exister,
Virginie Lydie, 2008.

L'Ascenseur social en panne – Le principe de l'égalité des chances bafoué,
Philippe Godard, 2009.

Conforme à la loi n° 49.956 du 16 juillet 1949
sur les publications destinées à la jeunesse

Mise en pages : DV Arts Graphiques à La Rochelle
N° d'éditeur : 100802104 – Dépôt légal : septembre 2010
Imprimé en France par SEPEC